把自己当回事儿

杨天真 著

北京联合出版公司
Beijing United Publishing Co.,Ltd

推荐序　李诞
用思维抵达天真

认识天真是三年前了,她带艺人来上我们的节目。

当时她还没有如今这么红,但已经听了很多她的传说,无外乎就是这个经纪人特别强势、特别难搞。

确实,接触下来团队反馈非常"难搞"。

天真拒绝了我们很多要求,整个沟通来回多次。但是她每拒绝一个要求,都会给出相应的理由,以及一个她帮我们想好的替代方案。

我印象很深,我们一个艺统(艺人统筹)跟我说:"我最初的设想都被她打破了,但我又很同意她的说法,我是不是被她洗脑了啊。"我问他:"那你觉得录制会不会受影响?"他说:

"我觉得不会。"

最后录制顺利，效果也很好。

那是我们公司刚刚成立、刚刚开始做节目的时候，我自己也并不清楚怎么跟艺人团队打交道。那次合作后的感受是，我们整个团队，通过跟杨天真的磨合，都成长了一些。

这背后肯定没有什么魔法，靠的就是写在这本书里的方法。

杨天真这个名字是她给自己取的，在我看来自然表达了她的一种人生追求。

徐浩峰说，稚气最难，霸气最易。作为一个站着不说话就能让人感受到霸气的人，偏要追求稚气，实在是合乎命运一贯的安排。

"天真"肯定是该追求的，是我们该走个大圈重新捡起的人本来就有的东西。

这本书里的方法，就是这个本名杨思维的人，在一个名利高度浓缩的环境中走过了十几年的大圈后，试图传达给别人的"捡法"。

从"思维"到"天真"，老人说改名就是改命，唯物主义说命运掌握在自己手里，这本书说的是，如何靠思维抵达天真。

过去三年，我们公司的人越来越多，很多人成为脱口秀演员——这一我国之前没有的职业。当这些朋友产生了什么职业发展的困扰，我聊不明白了，都会抛出一个最后的解法："我有个朋友叫杨天真，你听过吧？我给你们拉个群，你有什么就问她吧，她都会帮你。"

现在我把这位朋友也介绍给你。她都会帮你。

李诞

诗人、谐星、作家

推荐序　马伊琍
只对事，不对人

　　2021年1月10号夜里，杨天真找我写序，理由是她觉得我文笔比较好。我内心小虚荣了一下后立刻答应，还认真地要她发新书的电子版给我，大致内容先了解清楚再写。她发来了，然后我一觉睡醒后就把这事儿忘得一干二净。两周后，她发微信跟我说新书快印刷了，就差我的序，我这才猛然想起答应过她的事，马上说我忘了写。等我再去点开之前的电子版，发现早已过期无法下载，只好请她再发一遍，言下之意那么多天我都没有打开看过一眼……她一点都不惊讶，立刻重发。熟悉我的人都知道，我除了台词记得倍儿熟，其他啥都记不住，如果假装说看过了但弄丢了文件，没意思，还是说真话更简单。

点开书的内容，迎面便是她喜欢坦诚。

我认识杨天真是 2006 年左右，那会儿只知道她叫杨思维。经纪公司里的小朋友背后对她微词颇多：爱穿名牌啊，爱买包啊，虚荣啊，太精怪啊……传到我这儿，导致我本能地不敢靠近她。直到六七年前我们开始共事，彼此也鲜有交流，不过只要是工作上的事，她一定直接说，不绕弯子，更不会因照顾对方情绪而只说好听话。讨论的时候她说她的观点，我说我的观点，碰撞之下有共鸣的直接达成协议，有矛盾的不强求，简单快速只为解决问题。我想，这还是因为我俩在工作上的共识：永远只对事，不对人。

去年夏天我去医院看刚切完胃的她，那大概是我见过的有史以来最虚弱的她，即便如此，她还在念叨过几天要去直播，要去工作。医生查完房临走之际，我故意问医生："您说她多久可以恢复工作？"医生"鄙夷"地看着我们一屋子人："你们都指着她工作养活你们吗？"大家急忙说："不是，是她着急要工作！"医生淡定地宣布："要工作，三个月以后吧！"同事趁机拿起手机，命令团队把杨天真的工作推到三个月后……一周后，她不出所料地恢复了工作，理由是她停不下来。我对自己说，由她去吧，莫劝，那是她的人生，自有她的热爱与执着，让她做自己不好吗？

最近才发现她居然和我喜欢同一句话：虽然我什么都懂，却依然天真！一直觉得我就是那个虽然什么都懂，却依旧愿意天真的人，原来她也是！

在什么年纪都依然心存天真，多好啊！

马伊琍

演员

推荐序　脱不花
学习天真好榜样

某天早上起床,我发现朋友圈里很多人发了一条同样的短视频,且纷纷配之以类似的文案:"哈哈哈——服!"

十分好奇是什么大事件能够让这么多不同背景、不同年龄段的朋友都喊"服",点开链接一看,发现大家都在看的是这么一幕:杨天真小姐在《吐槽大会》节目上穿着亮闪闪的高级礼服"悍然"劈叉。

如果是不认识杨天真的人,听见别人议论"你看那谁谁谁劈叉了吗?"肯定会匪夷所思,不知道联想到哪里去了。对于熟悉杨天真的人来说,虽然也被吓了一跳,但是又都会耸耸肩:嗯,是她能干出来的事。为什么在节目上劈叉?对有的人来说，可能是跟什么热度、眼球、人设有关，但是对杨天真来说，只是因为，那个瞬间，她突然想劈个叉。就这么简单。

这是了解杨天真的一个捷径。在认识她之前，我从未见过如此喜怒形于色的人。我们这一代的女性，无论成长背景如何，接受的人格塑造总还是广义上的"淑女教育"那一套，要温婉、要谦让、要低调等等。少数脱开这个"范式"的人，是靠自己成长过程中的特殊契机，以及锲而不舍的"战斗"才实现的自我解放。

但是，杨天真不一样。我和天真是因为同在一个班级学习而结识的。那个班级四十多个成员，个个都是公司创始人，换句话说，就是一个比一个"范儿"大。但是，每次上课，无论是面对老师还是同学，天真才是那个能直接说"你们现在讨论的这个问题没有价值"的人。皇帝的新衣永远都由她来戳穿。所以，顺理成章地，在我们毕业的时候，为了维系整个班级的长期关系，我们一致选举她担任我们的永久班长。说白了，就是无论男女老少，都折服于她这种直指人心的力量。

她年纪轻轻就显示出一种"从心所欲"的能力，心、脑、手，也就是她的情绪感受、理性思考和行动方式之间，没有障碍物，她仿佛自动运行着一套超级自洽的智能系统。所以，她曾经说自己的人生观就是"爽"。我很羡慕这一点。

很多人通过真人秀、综艺认识杨天真，但是在这些节目里人们其实看不到另外一个杨天真：一个每年都要送自己去上学，"暴得大名"之后老老实实去考研究生，并且认认真真写论文的女生，也是一个为了开展新业务可以去挨家遍访行业内所有可触达同行的女生。所以，在我眼里，杨天真有点像只"微胖的天鹅"：表面上浮在水面悠闲自在、十分优雅，实际上水底下的脚蹼一直在猛劲儿地扒拉。

我一度很怕大家只看到了她的包包、她的珠宝和她的名人朋友们，转念一想，又觉得可以放心：一个人的奋斗，像怀孕一样，日子久了，总会被看出来的。

所以，我建议每个人在翻开她的这本书之前，都可以问问自己：我想看到一个什么样的杨天真？看她的忠于自我？看她的江湖经验？看她的超常努力？你想看到什么，你就会看到什么。因为在这本书里，天真一如既往地坦率和真诚，该说的、不该说的，反正，她全说了。

我经常看到社交媒体上有人这样形容杨天真：slay 全场。我很好奇这个词儿到底是什么意思，就去请教公司的小朋友。他们告诉我，最准确的翻译是：大杀四方。

好吧，我很希望读完这本书的每个人都能像杨天真一样，拥有这样的信心和气场：大杀四方，闪闪发光。

脱不花

罗辑思维 CEO

自序

我为什么要写一本书?

肯定不是为了当作家,不是要在书里讲述并不漫长的人生中也没多么跌宕起伏的经历,更不是要回应和揭秘那些年的故事与争议。

与我做过的所有事情一样,这本书的写作,目的性很强,是顺应需求,是整理思考,是触达人群。

自打我面对镜头,开始上综艺、开始做短视频和直播后,一直被问同一个问题:你什么时候出书?

就像大家催我做大码女装,我立马就行动了一样,我觉得需要即市场,我能做好,就去做。

顺势而为的成长始终是我一路前进的方向,我自知没有逆流而上的勇气，更没有咬定青山不放松的执着，舒舒服服地做好自己擅长的事，日子过得开心，收入不错，也能有成就感。

不纠结，想得开，也许是我最大的个性特点。所以我爱憎分明，喜恶突出，行的马上就可以，不行的说啥也没用。

我会把欲望写在脸上，把目标公之于众，成功了就疯狂赞美自己，失败了就体会什么叫痛不欲生。因为我始终相信真实地活着，远远好过虚伪矫饰。若我自己还有些内容和价值可以分享，也必定毫不保留，贡献出来，"榨干"一下。

写书的过程是一场密集思考下的输出，也许还有很多精彩的故事被遗忘在岁月的浮沉中，也许还有新的收获来不及整理成看上去尚可阅读的文字，好在随着做读书笔记和记录思考点滴的习惯养成，所有的思考和总结都不会遗失，如有更新和成长，我会持续奉上。

我没有写过序言，不知道要在这里说什么高屋建瓴的话，大概就是表达一下我做这件事的缘由。

至于你为什么会翻开这本书，那可能就是觉得我所写的东西，还是有那么点儿道理吧。

看，我就是这么把自己当回事儿。

杨天真

这本书讲的是，
我们应该怎样和自己沟通、和世界沟通，以及不辜负自己。
希望读完这本书，你能找到自己的答案。

contents / 目录

1 真诚是沟通中最重要的，没有之一

- 01_ 越成熟，越真诚 ································ 003
- 02_ 真诚是避免战争的底线 ···················· 010
- 03_ 难道我们可以不撒谎吗？ ················ 014
- 04_ 真诚很痛，但撒谎会痛很久 ············ 019
- 05_ 我不行，不可怕 ······························· 024

2 两点之间，直接最短

- 01_ 忘了你是谁了，重新认识一下？ ············ 033
- 02_ 假如我讨厌你，我就一定告诉你 ············ 037
- 03_ 你希望我狠一点，还是温柔一点？ ········ 041
- 04_ 我以为我说了，其实我没有 ···················· 045
- 05_ 为什么有时候我们要顶回去？ ················ 048

3 「解决问题」不是结果,是前提

01_ 解决问题要比问题早 ———————— 059
02_ 解决问题,让你更有底气 ———————— 063
03_ 一定要想在别人前面 ———————— 067
04_ 谁为结果负责? ———————— 071
05_ 时刻准备着 ———————— 075
06_ 屁股决定脑袋,所以先看屁股 ———————— 079
07_ 先确定对方是不是"笨蛋" ———————— 083
08_ 为什么不可以因为工作而牺牲健康? ———————— 087
09_ 格局有多大,沟通维度就有多大 ———————— 092

4 共情的情,不是情绪,是情理

01_ 不要把情绪当作武器 ———————— 101
02_ "多喝热水"到底错在哪儿? ———————— 106
03_ "对不起"应该怎么说? ———————— 110
04_ 压力太大,怎么办? ———————— 114
05_ 先说个故事,试试 ———————— 119
06_ 如何面对别人的言论和伤害? ———————— 124
07_ 别做情绪的绑匪,也别做情绪的囚徒 ———————— 129

5 不是「我和你」，是「我们」

01 _ 别让"对错"毁掉沟通 ········· 139
02 _ 为了达成共识，该如何拆解目标？ ········· 143
03 _ 多方混战，如何平衡局面？ ········· 148
04 _ 我们是一边的 ········· 153
05 _ 不是"都是为你好"，
　　 而是"都是为我们好" ········· 157
06 _ 共识，是一种相互的淘汰 ········· 161

6 找到你自己

01 _ 只有感受，不叫成长 ········· 171
02 _ 我想要成功的人生，还是开心的人生？ ········· 175
03 _ 我和自己的优点，熟吗？ ········· 179
04 _ 不要妄图去改变所有人的刻板印象 ········· 184
05 _ 放弃型人格：不是100%，就是0 ········· 189
06 _ 不知道要什么，先从不要什么开始 ········· 193
07 _ 适合自己的，才是对的 ········· 197
08 _ 我在哪个象限？ ········· 201

把自己当回事儿

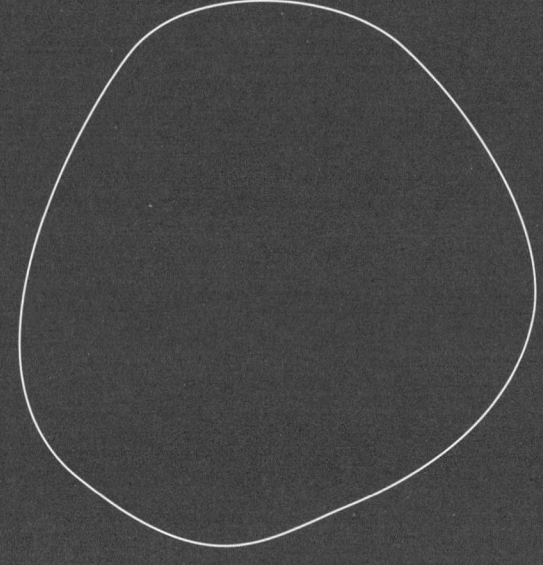

1

真诚是沟通中
最重要的，
没有之一

01
越成熟，越真诚

如果你问我，沟通中最重要的是什么，我会给出一个很明确的答案：真诚，没有之一。

我知道这句话会引来很多的疑问和质疑。真诚，难道就意味着我什么都要说吗？你自己就在娱乐圈里工作，你做到真诚了吗？难道你就没有撒过谎吗？你这不是站着说话不腰疼吗？现在的套路那么多，我不用套路，难道等着被人套路吗？那么多赚到大钱的人都是尔虞我诈，哪里来的什么真诚？

我能理解这些疑问的初衷，也明白在如今的环境里真诚已经成了一种可贵的品质，甚至带有奢侈的意味，更明白真诚这个概念说起来容易做起来难。但是，既然要写一本书，要谈一谈什么叫沟通，那么还是要谈一个问题的核心本质。毕竟，我们做交流是为了解决问题，所以我想说的是：真诚，是解决问题的最快路径。

要阐述这个极容易被误解、被扭曲、被质疑的概念，我们不妨把它拆解成五个问答，以便大家理解。

一、如果真诚是最重要的，难道我什么都要说出来吗？

不是。恰恰相反，因为真诚，我们才知道什么该说、什么不该说。真诚是一种交流状态，不是知无不言的泄底。

举个例子。如果面试者以前在另一家经纪公司待过，我一般会故意问一下他以前合作过的艺人的保密信息，比如广告代言费用。如果对方马上就告诉我，我反倒不认为这是真诚，而会判断面试者没有遵守职业的保密原则。如果对方的回答是："对不起，您问的这个问题我不能回答，因为这属于之前公司的商业范畴。我认为保守秘密是一件我必须遵守的事情。"这反而会在面试过程中加分。这就是真诚，说可以说的，不能说的也直接表达。如果你能做到这样，我才能推论出未来如果我们一起工作，你也会对我们公司的关键信息保密，而不会为了获取一个工作机会就选择和盘托出。

真诚，作为一种态度，会给我们的表达设定清晰的边界。正是因为真诚，我们才能在保留不说的权利时更有底气。

二、真诚没好处，还要真诚吗？

那么，真诚的坏处是什么呢？

我能理解这里说的好处。一个卖房子的人通过告诉顾客这套房子马上就要被抢走了，从而激发出顾客内心的恐慌，以此加快顾客决定的速度；一个学生谎称生病，可以换得一整天打游戏的时间；一个下属骗领导说预算超支主要是因为客户有特殊的要求，从而可以从中揩油……当然，这些都是好处。但是这样的好处，有哪一个可以持续？有哪一个可以积累成更好的经验和成长？有哪一种沟通可以做到永远都是一锤子买卖，骗完这个骗下个？

信息差是一种手段，很多生意都是靠信息差才达成的，但是信息差不意味着撒谎。兵不厌诈，"诈"是一种特殊手段，但我们不能把它作为一种沟通的常态。

有效的沟通，通常要求的是稳定的沟通双方，而大买卖都是源于持续不断的小买卖。

小聪明耍多了，给人留下的是滑头的印象，失去的是对整个人的信任感，在关键决策的时候，这种给人的印象分是很重要的。你会把生意交给一个你并不信任的人吗？耍滑头的方式或许可以一时达成目的，但这样的人永远不会被放到一个平等的合作对象的位置。不真诚的次数多了，我们丢失的是更大的目标和成绩。这样算算，哪个划得来？

三、你让我们要真诚，那你觉得当下够真诚吗？

非常抱歉地告诉你，我认为当下的整体沟通环境不够真诚。

看看沟通中洗脑和PUA（原指搭讪，现多指情感操控的手段）的流行，看看很多人对真相第一反应的遮掩，就能知道，撒谎在某种程度上是人的天性。真诚的态度，是要与人性中的自私和贪婪对抗的，甚至要直面自己的很多问题，承担更直接的责任。

我个人非常反感"洗脑"这个词，它是一种管理上的选择，能够在最短时间内粗暴地统一很多人的共识，形成没有反抗和思考的结果，且效率很高，但这违反了我对于沟通的理解。

我们所从事的内容性工作对人的个性化要求非常高，因为这样才能创造价值。但是，如果我们抹杀掉沟通中的真诚，否定沟通中的多元，那整个群体的创造力也会同时被扼杀。

PUA就更不用说了，使用那么多的套路和伎俩，就是为了控制别人，达成自己的目的。PUA的核心是沟通双方的不平等，如果不上些手段就没法达成目的。从本质上来说，双方并没有获得一种真实的关系，只是通过暂时蒙蔽他人而达成的一种临时性信任，而这种信任是非常容易破灭的。

我一直坚持一个观点：在事情上，你可以上各种各样的手段，但在人身上，就不要上手段了，在人身上使用的所有手段，最后都会反噬。真诚，说的就是人与人之间的关系，所有的不真诚可能会在短期内给你带来好处，但是从长期看，都是给自己埋下的雷。

四、别人都不真诚，我也要真诚吗？

是的。因为大家都不够真诚，所以你更要真诚。

我们无法瞬间改变这个不够真诚的大环境，但我们至少可以控制自己，让自己从一个更长远的角度去理解沟通。我们和别人说的、对别人做的，无时无刻不在传递一个信息：我是谁。

我把自己当成一个诚实守信的人，我就会特别在意我是不是留给别人这样的印象。我不希望别人觉得我是个不讲信用的人，所以我会努力去约束自己的行为。如果我不把自己当回事儿，而把自己当成一个赖皮，我就会坑蒙拐骗。

在乎真诚，这是一个做大事的人最终能成功的原则之一。

五、你看那些有大成就的人，谁赢得世界是通过真诚？

每一个有大成就的人，都明白真诚的重要性。越成功，就越渴望真诚。

我有一个很深的体会，随着人生境界越来越开阔，我们一定会越来越真诚。随着你个人的职业进阶，你会遇到越来越多成熟的人，他们工作状态成熟，情绪也成熟。和这样的人打交道，我们就会越发感知到真诚的力量。这些人都有识人辨人的本事，能洞悉人性，而我们耍的小聪明在他们面前会暴露无遗。一旦你养成耍小聪明的习惯，当人生进阶的时候，你就会被识破，自然也会很快遇到瓶颈，也就是说，你会遇到人生晋级的屏障，这不是卡在能力上，而是卡在人性上。

我们每个人都渴望被真诚相待。不真诚的伎俩可能会在一开始让你找到一条近路，但这条路一定走不远。

我们的生活中从来不缺少那些自称能颠倒黑白的"鬼谷子"，也不缺少把不真诚的那些沟通术奉为圭臬的营销大师，更不缺少相信"不真诚"能够为自己吹出一片天的懵懂盲流。之所以会有人觉得真诚可笑，是因为他们困在了由"不真诚"构建的小世界里，吃惯了因为"不真诚"而骗来的糖果，从而丧失了对人的基本判断。

人性中的恶会让我们的一生遇见很多不真诚。就像我在回答这五个问题的时候所强调的那样,别人的不真诚、总体环境的不真诚,都不能成为我们自己不真诚的理由。因为当我们真的看得够高、够远的时候,就会发现:哪怕只有一毫米的差别,真诚,还是比不真诚高。

02
真诚是避免战争的底线

对于每个中国人来说,买房都是一件终身大事。所以,在买房过程中的所有沟通就都是关键沟通。正因为这个沟通太过重要,所以在和房产销售或中介沟通的过程中,常常伴随着很多套路与反套路,我想每个接触过这方面的人都深有体会。

前段时间,我去一个楼盘看房子,就发生了类似的事情。当时房产中介向我推荐了两个户型,先带我去看的是 B 户型,面积更大,随后又带我去看了 A 户型,面积要稍小一些。接下来的沟通让我非常惊讶。因为在向我介绍这两个户型的时候,对方只说 B 户型的优势,却没有告诉我 B 户型的任何缺点。与此同时，在推荐 B 户型的过程当中，对方还不断地向我列举 A 户型的诸多缺点，用不断贬低 A 户型的方法来让我觉得 B 户型是理所应当的最优选择。

这样的沟通方式让我在内心深处自动开启了防御模式。我不用问就能知道 B 户型是房产中介的 KPI（关键绩效指标）。了解下来果不其然。A 户型只剩下一套，比较抢手，他们不想在短时间内卖给我。B 户型剩余量较大，他们想快点出手几套。

毫无疑问，这位中介的沟通策略和沟通方式非常失败，因为这其中缺少最基本的真诚。一个好的沟通机制需要告诉消费者 A 和 B 的利弊，然后把选择权交给客户。客户会根据两套房子的差价和各自的优缺点，结合自己的经济情况和具体需求做出选择。而只挑一个的好和另一个的坏，完全不是理性的比较与分析，只会让我觉得这家中介不太靠谱。那么显而易见的优点都可以视而不见，于是我立马就有了方案和防备。**缺乏真诚的目的性是很容易让人洞察到的。**

说到这里，你可能会争论：很多沟通在本质上就是一种攻防状态，比如在商店讨价还价，在商业谈判中争取自己的利益等。这些沟通不就是需要沟通者具备进攻和防守的能力吗？这一点，我不否认。关于价格，关于利益的沟通，肯定会充斥着信息的不对等以及心态和能力的博弈。

好的沟通，可以是一种攻防状态，但绝对不是一种战争状态。攻防是你来我往，战争是你死我活。 一旦胜负心爆棚，或者目的性太强，沟通的双方就会丧失理性的判断，而只想着在沟通的路径中加入套路和障碍，因为成王败寇，谁都不想成为那个狼狈的败方。一旦内心建立这种充满硝烟的战争模式，沟通者就会觉得对方是来搞定我的，或者是来攻击我的，这种草木皆兵的应激状态反而不利于沟通者在倾听这个环节中理解对方的用意。

我想指出的是：**在沟通中，真诚的态度会为我们在制定策略和推进沟通的时候设置一个起码的底线，这个底线可以让双方在互相信任的状态下进行沟通。** 这不是让你做"傻白甜"，有什么说什么，别人说什么信什么，这里的真诚是指你应该掌握一个基本的沟通机制。没有人是傻子，当我们的不真诚已经能够引起对方的警觉时，我们就是在给自己埋雷，给自己设限。真诚听起来很感性，好似一种情感上的选择，其实真诚也是理性的。攻防机制是常态，如果不真诚都已经引发了火药味或者使信任锐减，就得不偿失了。

我特别喜欢几年前一位大学教授讲过的一个比喻。我们社会上的每个人都站在同一个水平面上看前面戏台的戏，本来大家都好好地站着，谁都挡不到彼此。突然，有一个人为了能够看得更清楚，就在没有和大家商量的情况下踮起了脚。大家劝他，他不听，于是他后面的人也只能无奈地踮起脚。这样的行为辐射开来，导致前后左右的人都踮起脚。到最后，每个人都踮起脚，这和刚开始大家没踮脚时是一样的效果，只不过每个人都很无奈、很累……

这是一件很遗憾的事情。当普遍的信任度降得很低时，真诚就成了一种很奢侈的事情，甚至会让人觉得划不来。加上有太多的"沟通大师"都在教大家如何使诈，让大家误以为沟通的现场就是一个个战场，所以大家就把自己调整到一种打仗的状态，准备冲锋陷阵。

但是，枪声一旦响起，哪里会有真正的赢家呢？

03
难道我们可以不撒谎吗？

我叫杨天真，取自非常喜欢的一句话：她什么都懂却还那么天真。请放心，我没有天真到认为人可以做到不撒谎，也没有天真到认为撒谎就是一种不可饶恕的行为，更没有天真到认为我们应该放弃谈判中的所有策略。

人，从来都不曾拥有过绝对的真实；一个好的沟通者，从来都需要根据具体的情况来判断哪些该说、哪些不该说。那为什么我还要在谈及真诚的时候，强调我们尽量不撒谎呢？原因可以总结为以下三点。

一、撒谎浪费时间，浪费精力，浪费情绪消耗。

说了一个谎，就是开启了一个无限循环。因为你总要用一个谎言去填补前一个谎言的窟窿，任何一个环节忽略了，谎言就面临被拆穿的危险。而谎言一旦被拆穿，当时因为撒谎而获得的东西就会马上失去。

我最不能理解的就是很多初入职场的年轻人喜欢在小事情上说谎。比如，今天迟到明明是自己起晚了，一定要说是来之前去见了一个客户；明明今天早退就是想去逛街，却要说去见客户；明明工作上的小失误缘于一时的粗心，却偏说这是客户的要求。我就想问，难道客户没有自己的人生吗？

其实老板很多时候都抱着"人艰不拆"的心态，能放过就放过，但是你要记住，一旦你说了谎，就得用额外的消耗去圆谎。你得提前编好一段与客户之间并没有发生的对话，以防老板第二天问起。这是不是要占用更多的时间？这不费脑子吗？万一早退逛街的时候，正好被真正去见客户的同事撞见，尴不尴尬？这不是一种情绪的消耗吗？

二、谎言有即时的好处，却有长久的隐患。真诚或许无法及时获利，但从长远看，能创造益处的积累。

我们都困在时间的维度里，只有到后来才会发现，时间长了，谎言给我们的东西只会越来越少，而真诚带给我们的东西才会越来越多。

举个例子，曾经有一个员工在辞职前给我的理由是去医院看病，但巧就巧在，我在她请假看病这天的同一班飞机上遇见了她和她下一家公司的同事。一下飞机我就把她拉黑了，或许对她而言，失去我，并不重要。但是她忽略了一件事，就是千万不要把别人当傻子，如果这样的谎撒多了，她在日后的工作中，就会多出一道道墙，而不是一条条路。

作为公司的 CEO，我一直鼓励提出辞职的同事能够讲出自己真实的原因，也会给出自己真诚的建议和祝福。千万别告诉我，你要出国留学，或者回老家照顾身体不好的父母，然后改天在别的公司里碰见你……我理解年轻人的心情，觉得有时候撒这种小谎没关系，其实越是小事越不需要抗拒说出真相。鼓励大家真诚的原因是它有可能会为你带来更好的结果，比如公司愿意留住你从而开出更好的条件，部门愿意留住你而做出你想要的变动，这些结果如果没有真实的表达是没办法得到真实的反馈的。即使以上都无法达成，至少在你离开公司之后，未来也还会有合作的机会和可能，毕竟买卖不在人情在。

三、谎言最大的坏处不是欺骗了别人，而是欺骗了自己。

我们都困在一种"利己"的执念里，相信生活中的每一个选择都应该朝着对自己更有利的方向。最后不知道是骗了别人，还是骗了自己。

以前签约艺人的时候，我总会很直接地问："你最在意什么？"我总会强调希望他们如实相告。如果一个艺人能够直面真实的自己，告诉我他就是想红，对于这一点，我没有任何意见。每个人的人生目标不同，自然就会有不同的追求。对于这个类型的艺人，我就会在后续的工作挑选和安排中更侧重有关知名度和影响力的选项。如果一个艺人告诉我，他最在意的是作品，那我就会把一些对"红"帮助很大却并没有太高质量的东西排除掉。对他来说，稳扎稳打地磨炼出好的作品才是关键。如果我发现一个说自己最在乎作品的艺人从来不好好地研究剧本，挑戏只看对手戏演员的咖位，或者在接活动的时候只在意对方的出价而不是活动的内容，我就会觉得他"知行不合一"，而且会给团队的执行方案带来困扰，因为我们努力的方向可能并不是这个人想要的。

"最在意作品"的谎言不仅浪费了公司的资源和各自的时间，同时也暴露出一个很重要的事实：他无法面对自己的内心。人总得知道自己要怎么活啊。当然，分辨自己的真实目标需要一些时间，但刻意的掩饰就会让合作对象很沮丧，因为所做的事情全是白费。谎言不总是说给别人听的，最可怕的谎言是那些用来欺骗自己的，因为说着说着连自己都信了，从此就生活在一片幻象当中。

仓央嘉措有一句非常流行的诗：一个人要隐藏多少秘密，才能巧妙地度过一生？如果我们真的把这句诗看作一个认真的问题，那我的答案是：越少越好。我们已经有太多挫折和磨难要面对了，何必把精力和时间花在撒谎上呢？请再真诚一些。

我并不是鼓励大家在不具体分析的情况下，只能真诚，不能撒谎。我是在鼓励大家：要知道谁和你的根本利益一致，要知道如何与伙伴相处，要知道真诚是一切合作的基石。有个说法很流行：聪明人总会在合适的时机选择合适的谎言，但现实情况是，我们大多数时候都不够聪明，不是吗？如果有些事情说不出口，最后让我引述一句季羡林老先生的话：

假话全不说，真话不全说。

04
真诚很痛,但撒谎会痛很久

有一对情侣,两个人都是我的好朋友。分手的时候,男生对女生说是因为父母不同意他们在一起。女生打电话给我告知了这件事,她很困扰,两个人感情明明很好,怎么遇到了父母的阻力,不一起去克服,反而就这样放弃了呢?就像我们都猜到的一样,事实并非如此,来自父母的阻力只是一个借口,直白一些讲就是男生不够爱了。

他后来和我讲起这件事情的时候,我一直问他为什么不能如实告诉对方。答案是害怕,怕真实的原因伤害到女生,而他最不想做的就是让她受到伤害。在我看来,这样的不真诚才会对女生造成更长久也更深刻的伤害。

　　因为这个理由是没办法让女生理解的。本该属于两个人的感情，难道抵不过父母暂时的反对？那为什么我们连一点点努力都还没有做过，一点点争取父母理解和转变的尝试都还没有进行，就放弃了？在不解和困惑中，这个阴影会一直盘踞在女生的心里，很久都消散不去。甚至在她未来的情感路上，来自对方父母的意见和态度都会变成一块标牌，牢牢地扎在路边，让她敏感地误认为无论双方如何认定彼此，来自父母的力量都可以为这段感情敲锤定音。

　　这个男生当时的想法其实代表了很多人在沟通当中的一个误区，那就是正面的冲突和残酷的真相一定要避免，为此他们用撒谎来逃避和遮掩……这样的想法让沟通变得扭曲，真正的问题被虚假的说辞粉饰，埋下了有可能在未来越来越严重的隐痛。其实真诚就像是一场快刀斩乱麻的手术，当时可能会痛彻心扉，但是只有彻底清创，对症下药，我们才可以好得彻底。

　　说到底，那个谎言又岂止对女生造成了伤害，在后来很长的一段时间里，男生都心怀愧疚，非常强烈的愧疚。他怪自己当时为什么没有勇气把真实的想法和盘托出，也有了迟到的领悟：对于女生而言，只要告诉她其实自己没那么爱了，或者有了别的选择，就算她一定会伤心，也会学着放下。一段扎扎实实投入过真情实感的亲密关系，哪怕结局未能如开场所愿，也必定需要一个有血有肉的结尾。不管是男是女，都可以接受自己不被爱或者被放弃，但都绝不想在欺骗中不知所以。

前不久，另一个朋友遇到了一个难题。他离开了和自己在一起八年的女友，选择了另外一个小姑娘。我知道，这是一个看起来有点儿渣男的剧情，但这还不是重点，重点是他和这个小姑娘在一起没多久，恍然发现自己深深爱着的且和自己真正合适的还是前女友，并希望复合。朋友问我到底应该怎么和小姑娘说，如果坦白自己希望和前任复合，小姑娘会不会受不了；他是不是应该编一套谎话，先分了再说。

我当然是鼓励他说实话，就直接告诉小姑娘自己还爱着前任，想和她复合。不料我刚说完，他就流露出一副"早知道你会这么说"的表情，原来他已经问了十几个女性朋友的意见，令他意想不到的是，几乎所有人的答案都一模一样：说实话！

在我看来，沟通不仅是对现在负责，更是对未来负责。真诚有可能会伤害现在，但撒谎伤害的是未来。勉强的借口或者突然的失联会让人觉得莫名其妙，这种感受比知道真相更让人难以接受，会让她发觉自己的时间错付了。我为什么会和这样的一个人纠缠在一起？我为什么会遭遇这么糟糕的一段感情？而这些就像是一个永远没有办法痊愈的伤口，一直提醒着她痛苦持续存在。

最终朋友选择如实地说明了自己的想法，并表达了自己的愧疚和歉意，那个小姑娘也如我们所预计的一样，非常痛苦。必须承认的是，即使有了真诚的加持，这个朋友对于感情的态度，我依旧不提倡、不认可、不赞同。因为这些一定会给对方带来伤害，但我们也知道，当下来自这段感情的痛苦是具象的，因为真诚没有给她误解和胡思乱想的空间。她会对这个人心死，也会在遇到下一个人的时候复活。

有一个故事很老套，说真实和谎言一起去河边游泳，谎言比真实先上岸，穿着真实的衣服先走了，但是真实不愿意穿谎言的衣服。从此，人们宁可相信穿着真实衣服的谎言，也不愿面对赤裸的真实。

我相信坦白的力量，并且坚定地主张真诚，其实就是为了让我们能够理解赤裸的真实，因为不管谎言穿的衣服是多么真实，它也还是谎言。**我们每个人在沟通中都一定会有这样的困境：说谎会轻松一下，会把痛缓解一些，会让场面更好看一些，但是这个谎言会留下一条长长的尾巴，这条尾巴会**

波及之后的种种。

反过来,虽然把真相说出来会尴尬,会有阵痛,但这些都是当下的,尴尬过了,痛过了,真诚不会有后遗症,还会把副作用降到最低。

05
我不行,不可怕

刚开始工作的时候,我非常希望可以多多地接触和学习各种新事物,什么事都喜欢抢过来做。但人的时间和精力是有限的,再加上青涩的自己还没有很多成熟的经验,所以做事难免会有遗漏或者犯一些小错误。这是很多新手在初入职场的时候都会犯的错误,并不奇怪。而这里我想强调的也不是做错事,是做错事以后。

每当答应的任务没有完成,或者搞砸了一些事情时,我们总要硬着头皮去和老板解释。现在回忆起来,我当时最大的问题不是过高地估计了自己的时间、精力投入,而是不够真诚。

老板问为什么会出现失误的时候，我就会把那些做得非常好、非常漂亮的事情先拿出来做汇报，解释自己是由于这个工作导致了一点点疏忽。用足够优秀的成绩来逃避可能会有的责难。

现在自己做了老板，回想当时的情景，才发现老板只是想知道你到底可以负责多少事情，承担多少责任。如果这件事情你已经分不出足够的精力，交给其他人就好了，避重就轻的行为反倒会在老板那里减分。第一，这会让自己显得眼高手低，能力值不匹配。第二，这会让同事误解你好大喜功，什么事儿都往自己身上揽，容易不合群。最后，这会显得自己特别没有责任心，老板会担心整个团队因此受到影响。

不知道从什么时候开始，"我不行"变成了一句让大家害怕的猛虎之词，仿佛说出了这句话，就会把自己和工作毙掉一般。其实，在生活和工作中，我们就是会有很多不行的时候。时间不够，精力不够，能力不够，见地不够，这些"不够"都可能导致"我不行"。这些都不可怕，最可怕的是我们因为担心而选择了不真诚，导致最后真的不行。

面试中，除了被问及自身的优点，我们常常还会被问及缺点和不足："你的缺点是什么？"这个问题所探讨的不仅是你目前的短板，还有两个重要的层面：第一，你是否能够真诚地面对自己的局限，并且坦诚地表达出来；第二，你是否有一个持续学习的态度，并且努力地克服自己的不足。如果面试者含糊其词，或者避重就轻，貌似遮掩了自己的缺点，实际上是给自己埋下了一个更大的雷。

以上部分是从个人的角度分析了关于"我不行"的沟通，换一个角度，我们把视野扩大一些，从团队的角度来看这个问题，会更有收获。

坦然地接受自己的缺点，并且在团队中避免因为自己的缺点而造成损失，这一点看起来很容易像是在为自己的懒惰找借口，但的确是团队行为最大化的一种有效机制——把最擅长的人放到最合适的位置。**因为我们必须接受一个很残酷的现实：有些缺点，我们可能一辈子都改不掉。就像我之前说过的，与其花这么多精力去补短板，不如花同样的气力去提高长板。每个人都一样，有不擅长的事，就一定有擅长的事。把自己不擅长的空间腾出来，不仅是为了让其他擅长的人大显身手，更是为了让自己有更大的空间和更多的时间去做可以让自己发光发亮的事。**

工作中，我发现自己不适合那些推进细节的谈判，比如已经和客户达成了合作意向，接下来需要不断地对成本或具体细节做反复协商、校对、磨合。这方面，公司里的很多同事比我做得更好。如果这是一个八字还没有一撇的合作，尤其对方是大品牌，我就非常能发挥自己的特长，用创意和概念去打动对方。所以我们只需要出现在最适合自己的位置上，完成各自最擅长的部分，自然就会实现资源和效果的优化配置。

勇敢地说出这一句"我不行"，这一份真诚其实有更大的度量，因为拥有大局观的人往往会更加明白自己的弱点，并用整体的优点去弥补它。如果因为害怕丢脸，害怕失去表现的机会就把活儿攥在自己的手上，由此导致的损失往往超出我们的设想。

我不行，不可怕。我说我能行，最后却不行，才可怕。

小作业：

今天晚上你约了好朋友一起看一场演出，门票非常难买。

跨部门的同事突然发来消息："×××项目的同事出差了，你晚上可以帮忙把项目资料送到外地吗？"

此时，你会如何应对？

可以扫本书封底二维码关注"壹起天真"公众号，在消息栏发送"真诚"，你会收到我的建议。

把自己当回事儿

② 两点之间，直接最短

01
忘了你是谁了,重新认识一下?

我的微信好友里大概有七个James,和其中一个的相识最有戏剧性。

故事的开场源于一次拍摄,我需要联系一位相熟的摄影师James,发了信息过去。对方很快回复,语气热络,约好了时间地点,只等到时开工。后来临时取消了这个工作,对方才坦言,其实他不认识我,也不知道我是谁,虽然知道我约错人了,但还是想来体验一下拍片现场。我感到又尴尬又好气又好笑。后来我和这个James成了朋友,但这并不能弥补这次无效沟通给我们带来的损失:既影响了工作,又浪费了时间,还误会了感情。

讲这个故事是想说一说沟通中的尴尬问题。我们对尴尬总是本能地充满恐惧，能逃避就逃避，实在逃不掉，往往会选择用曲线来淡化它，或者转移它，却很少有人选择直接面对。

从那以后，但凡在微信上发现一个完全记不起来的人，我会先查聊天记录，再翻翻朋友圈，如果两者都看不出他是谁，我就会直接删掉。如果对方的朋友圈比较有意思，我就会直接发微信过去："我是杨天真，对不起，我在整理通讯录，想不起来你是谁了，能告诉我一下吗？我会重新做好备注。"如果他不回，我会直接删掉。如果他回复，我正好可以借此和他有一个比较直接的沟通。

说到底，微信作为社交工具，避免了面对面即时交流的尴尬，留足了缓冲的空间。回到现实生活中，我们有时会遇见更为棘手的沟通时刻。举个例子，在一个派对上，遇到一个人和你打招呼，你却完全不记得他是谁了。他走过来开启了一段对话，这个时候你会怎么做？大多数人会选择先沟通几句，试图唤醒一些回忆，如果实在唤醒不了，有可能会找个理由走开，或者想方设法地套取更多信息。最后很有可能谈话结束了，你依旧不知道对方是谁。以前的我也会这么做，但现在再遇到同样的状况，我就会很直接地跟对方说："对不起，我真的忘了你是谁了，我们能重新认识一下吗？"

仔细想想，之所以会有这样的转变，原因大概有三个：第一，谁都不是傻子，你如果真的不记得了，传达出来的信息是可以被对方隐约察觉到的，有的人会主动再介绍自己，有的人则继续装傻，看你能撑到什么时候。第二，既然对方过来和你主动说话，无论你是出于维护一段关系，还是联络一下感情，总归双方的一个共同诉求是彼此相识且有意愿保持下去。第三，如果对话已经结束，你还不知道对方是谁，那刚刚已经发生的这场沟通除了貌似缓解了表面的尴尬，并没有起到任何实际的作用，毫无意义。

太过直接也好，简单粗暴也罢，它都属于我理解意义上的有效沟通，因为沟通过后有问题被解决或有共识被达成。"对不起，忘了你是谁了，重新认识一下？"虽然这句话对气氛有一定杀伤力，但它起码能确保我们的谈话不会陷入内容上的僵局。

那么，到底什么才是真正的尴尬？在我看来是体验层面的不平衡。 我们讲沟通，常常会把"不要让对方尴尬"作为沟通的重要前提。但无论这个前提多么重要，都不能因此而牺牲了内容，或者牺牲了效率。在故事的场景里，如果你不具备记住所有人名字的能力，你就已经让他尴尬了。任何迂回婉转的方式都不如直接告诉他，给彼此重新认识的机会，建立一个新的连接，也开启一个新的人际可能。

在沟通中，尴尬也许会让人不舒服，但它绝对不是最重要的问题，恰恰是我们太过于害怕而选择的逃避，才会造成更大的问题。要解决尴尬，应该从降低对它的应激度开始。有些一团和气在表面上仿佛会让场面维持平衡，却丢失了效率。反过来，"对不起，我真的忘了你是谁了，我们能重新认识一下吗？"看似在特定的瞬间不够稳定，却是用最直接的方式面对了尴尬，也接住了尴尬。

02
假如我讨厌你，我就一定告诉你

有一次我准备去参加一档综艺的录制，在嘉宾名单里看到了一个我非常讨厌的人，我跟主办方说："不好意思，你可能需要做一个决定了，找我还是找他。因为我很讨厌他，没办法跟他沟通。"主办方的工作人员没弄懂我的意思，说："这有什么难的，你不理他，忽略他就好了。"问题的关键恰恰在于无法忽略。

相信我们中的绝大部分人都一样，是没办法做到完全将情绪从工作中分离开的。我很尊重这个综艺团队的努力，所以我希望如果接下这份工作，我可以尽全力做好。如果有一个我很讨厌的人在这个节目里,我就很难保证自己的状态了,因为这个时候,我的情绪占了上风。我们在沟通中经常会碰到这样的情况,如果有个人过来对你说:"你如果控制不了自己的情绪,就说明你还不够成熟。"那么我会认为这个人根本就不懂得沟通。

在沟通中,情绪是需要被保护的,而不是被操控的。

还是这件事情,假如我们在重要性上做一个排序,我觉得我的感受是更为重要的,我会去保护我的情绪。换个角度,我会选择和主办方说:"你们一定要告诉他我讨厌他,如果他选择参加,很可能会面对我的疾风骤雨,要做好准备。"于我而言,公平非常重要,如果这个嘉宾不知道我内心的真实感受,来录节目时面对我的情绪,我会觉得对他非常不公平。如果信息是对等的,他依然愿意,我们再谈怎么办。

我知道这个事例听起来似乎很任性,但是我非常希望可以通过这个故事聊一聊沟通中的边界。**谈起沟通,我们一般总会想着去"连",连接人与人,连接情感与情感,也连接结果和原因。好的沟通者不仅会"连",还要会"断",会切割,会分离,由此确立自己沟通体系中的边界。**

至于边界的意义,我们就拿表达对一个人的厌恶来举例。

第一,在确立沟通对象与自己的关系时,"讨厌"是一种极端状态。它和"不喜欢""不熟""不想"是完全不同的。"讨厌"是你根本不想在这个人身上花哪怕一丁点儿的时间，所以让他知道你讨厌他，也就设立了一个清晰的边界，你们的世界才会主观地分离开来。人与人之间的边界是一种主观的选择，极端状况下的清晰度越高，效率越高，浪费的时间也就越少。

第二，这句"我讨厌你！"不仅是说给对方听的，同样是说给彼此之间能够产生交集的朋友听的，因为我不想让别人觉得我们是朋友。假如表达模糊，共同好友的饭局把我们约到了一起，状况会更尴尬。只有确立了界限，朋友才会尽量把我们分开。对更大的范围而言，圈子与圈子之间的交集总会涉及更多不同的参与者，你自身的边界越清晰，参与者就越能做出准确的判断，不让彼此难堪。

第三，我们明确表达对一个人的厌恶，同样也是一次态度的宣言。作为成年人，我们不会无缘无故地讨厌一个人，讨厌背后隐含的逻辑是对他所持有的全部或者某一点的价值观、人生观和世界观的不接受或不认同。与这个人设立边界的同时，我们也是在为自己的价值系统设立红线和坐标。道不同，不相为谋。

我还有一点私心——如此拼命地工作，提升自己，就是为了创造一个更自由的环境。如果我这么努力地工作，还需要跟我讨厌的人待在一起，无端消耗我的情绪和精力，岂不是太失败了？当然，可以让我真正跟对方说"我讨厌你"的人也就那么几个。

之前我在小红书上发了一篇文章，内容是关于我的一个态度：不借钱。文章一发出去，马上就看到了非常非常多的留言。有说我太残酷的，有说我没人情味的，也有说起自己曾经在艰难时从朋友那里借到了钱并得以东山再起的……我必须承认，在借钱这件事上，每个人都会有不同的想法，而我的主张是设立一个清晰的原则给自己，根据这个原则，所有的意外情况都可以更加具体地去分析和处理。

针对大家的疑问，我的回复是：如果朋友、亲戚少了这笔钱就没办法渡过难关，而我又恰好具备这个能力，我会选择送而不是借。如果朋友向我借钱只是为了买一份保险或者买一个包，我绝对不借。为什么你自己的额外需求要让别人来买单？如此一来，身边的朋友都会知道我的态度，所以我也就不太会有这方面的困扰。如果真的有因为我不借钱就疏远了的朋友，我想我们大概率也会因为别的事情在途中走散。

底线不是一条黑乎乎的死线，它的作用是给我们提供一套完整的行为方式准则。而边界意识也给了我们在沟通过程中可以说"不"的勇气。

03
你希望我狠一点，还是温柔一点？

沟通中的直接有千万般好处，却有一个现实的缺点：如果处理不好，直接会很尖很锐，容易戳到人。

拿职场中的沟通为例，老板要炒下属的鱿鱼就是一个非常典型的艰难沟通场景，之所以会开除这个员工，原因一定是不太好听的：能力不足，态度很差，不懂合作，不够勤奋……哪一个原因说出来都会让对方备受伤害。一些人会选择在零交流的状态下一走了之，这样看起来似乎对双方而言都更省时省力，也避免了一些极端情况下的冲突，但不是我鼓励的做法。因为在这样的关键时刻，如果不弄清楚自己被淘汰的原因，同样的情况很有可能会换到另一个场景中继续重演，所以我非常鼓励大家勇敢地利用这最后的机会好好问一问原因。

如果是我的工作人员来问被解雇的原因，我一般会有这样的开场白："你是希望我在表达上狠一点，还是温柔一点？狠一点可能会让你不舒服，但可以一针见血地直指我发现的问题，以及对此提出的一些建议。温柔的表达会比较委婉，但我不确定我的想法是否能够被精准地传达和感知。"

这个问题所体现的是沟通中的一个重要概念：预期管理。也就是给了对方心理认知和选择上的充分主动权。因为在沟通中突如其来的直接有可能会在情感上击溃对方，而情感一旦崩溃了，所有的内容都会白费。

预期管理包含三个步骤：

第一步，奠定基调。

很多人说话时经常会有这样一句开场白："我这个人比较直，要说了什么您别介意。"这其实就奠定了一个沟通的基调。"你最近怎么胖了？""你这事儿做得不地道。""你穿这件衣服真难看！"……性格直爽的人总是有什么说什么，这些话很容易在没有奠定基调的情况下冒犯他人。如果我们做好了预期管理，沟通者就会提前让对方明白自己的语言来自性格而非恶意，并提醒对方不要把一些因为耿直而脱口而出的话放在心上。

我不止一次地强调过，好的沟通需要坦诚的态度。而预期管理的出场正是坦诚态度的一种表现："接下来我要和你说的是我的心里话，它可能不好听、不中听，却代表了我最真实的想法。"我们需要在谈话的一开始就奠定这样的基调。

第二步，把决定权交给对方。

许多人可能都痛恨一句话："有句话，我不知当讲不当讲。"因为跟在这句话后面的内容多半都是不当讲的。不得不说，虽然这句话令人讨厌，但是"当讲不当讲"这个表达确实是一种预期管理，作为选择方是可以表达自己的意见的。如果是我遇到这个问题，我就会回答："你想讲就讲，不想讲就算了，但是请你想清楚再讲。"

我的回答也给了对方选择的权利，我希望对方能够重新权衡自己接下来要说的话的分量。我已经把状态调整到真诚的频道，而对方可以根据自己的意愿做出决定。

第三步，让对方做好准备。

很多时候，记者在采访过程中会对问题进行标记，"接下来问的这个问题可能有点尖锐"。新闻学的主流观念会认为这句话不准确，因为一场好的访问是不可以让被采访者预知接下来问题的属性的，这样会让对方产生防备心理。但放到沟通的场景中，这样的提醒恰恰是一种良好的预期管理。

如果你接下来要讲的内容真的很尖锐，或者让对方比较紧张，不好回答，则应该通过提醒，让对方在心理上做好充分准备，不会因惊慌失措而造成沟通过程中的语言变形。所以在日常生活的对话中，一旦要口出直言，你不妨加上一句："接下来我要说的话可能不太好听。你还想让我继续说吗？"

在沟通中做好预期管理，能够让对方提前做好接受的心理准备，实际上是为"直接"设立了一个缓冲区。虽然直接在沟通中很重要，但并不是每个人都能接受的。站在对方的角度去思考，我们就能够明白：直接让意思的表达能够尽可能准确，而预期管理则是让直接能够尽可能地照顾到沟通中的情绪，让对话的双方都不至于被直接的尖锐所伤。

回到文章开头"你希望我狠一点，还是温柔一点"的问题。在我经历的类似事件的谈话中，很少会有人选择温柔，几乎都是同一个明确态度："让暴风雨来得更猛烈些吧。"大家害怕的从来都不是直接本身，而是在直接来临的时候，自己毫无准备。就好像如果能够提前接到风暴预警，大家可以做好待在家里的准备，心态上就不会崩溃。试想一下，你正走在路上，突然在前面十米的地方刮起了一阵龙卷风，你会是什么感觉？

04
我以为我说了，其实我没有

很早之前，公司的一位艺人接到了一个级别很高的晚会邀请，但是由于档期问题，我们只好选择拒绝。团队里负责沟通的同事为了给对方留下一个好印象，用非常委婉的态度表达了我们的情况："谢谢您的邀请，但目前来看，我们的时间可能不行。"对方负责人在接到我们的回复之后，第一时间就把艺人的名字上报给了晚会组委会。差不多一周之后，我们突然接到了晚会的确认消息。由于晚会的级别很高，且各种因素导致无法推辞，我们只能花费更多的精力和时间去填"坑"。

这个故事的逻辑听起来是不是特别奇怪？明明我们已经拒

绝了别人,但是对方仍理解成了同意。明明我们没有时间,对方却认为不方便只是暂时的,且他们正在努力协调。这就是一个非常典型的"我以为我说了"的案例。

同样的一句话,不同的人会从自己的角度出发衍生出各种意味完全相反的解读,沟通中的误解恰恰就是在这个时候发生的。"目前来看,我们的时间可能不行"这句话,从我们团队负责人的角度看,他要表达的是"时间不行"。但对方负责人看到的是"目前"和"可能"。我们认为的拒绝在对方看来有着非常大的周旋和协商空间,所以对方就把我们的艺人名字报上去了。这个乌龙事件非常准确地说明了沟通中的一个原则:

态度可以委婉,但内容必须直接。

我们经常在工作中提到一个词:婉拒。什么是真正的婉拒?你的口气可以委婉,但是内容必须明确。

在沟通里,我们常常会发现这样一种状态:我以为我说了,信息传递出去却变了样,在对方看来,你根本就没说。

女朋友对男朋友说:"今天你负责洗碗吧。"等男朋友洗完所有的碗走出厨房后,女朋友发现灶台没有擦,于是责怪:"你为什么不擦灶台?洗碗这个概念就包含要把灶台也擦了呀。"对不起,洗碗这个概念就是洗碗,如果需要擦灶台,你就直接告诉对方:"今天你负责洗碗和擦灶台吧。"当然,男女朋友之间的撒娇和对对方的考验情况另当别论，不包含在这次的讨论范畴内。

顾客在照片上看见一件衣服的颜色很喜欢，她认为是铁锈红，就口头跟商家说要一件铁锈红的衣服，但是拿到衣服后责怪说："这不是铁锈红啊。"对不起，每个人看到的铁锈颜色都是不一样的，你要是想买那个颜色的衣服，就应该直接把图片发给对方或者直接确认。

这样的误解是什么原因造成的呢？说得大一些，因为人类是一个个独立思考的个体。我们对不同的事物和概念的理解是不一样的。所以，当你希望自己的信息能够准确无误地传递到对方那里时，你需要判断沟通中的最小单位是什么，并把自己的表达直接落实到最小单位的括号内。

回到最开始的那个故事，婉拒的正确打开方式应该是："非常抱歉，因为档期的问题，我们无法参加这次晚会的录制。非常感谢您的邀请，期待未来会有更多的合作机会。"

委婉的语气可以表达以后合作的可能性和延展沟通的弹性，但是内容坚决不能给对方留出误解的空间。

05
为什么有时候我们要顶回去？

一个饭局上，一位中年大哥大聊特聊自己幸福的婚姻家庭生活，同桌的人也都很有涵养地耐心听着，但很明显，饭桌上的气氛已经变得非常微妙，整个过程中我都没有太说话。饭毕，大家到旁边的沙发上休息，大哥过来开口便是一句："你也到了该结婚的年纪，怎么还单着，该结婚了。"我当时没有什么表情，只是简单地回复了他一句：

"关你啥事！"

我们都知道，现在有非常多高情商的沟通术强调要淡化矛盾，大事要用沟通化小，小事要用沟通化了，核心就是避免对立。在我看来，这样的思路要分场合，分情况，也分心情。就拿故事里的大哥来说，我知道他家庭幸福、阖家美满，在这一点上，我是祝福他的，但这不能成为他站在一个高点上对我的生活横加干涉的理由，我和他不熟。当然我并不是单纯从他的一句话里就得出这样的判断，而是他在饭桌上的扬扬自得已经让很多单身人士感觉到了尴尬。真正分享幸福的沟通是不会有如此强烈的自我炫耀感的。让大家感知你的幸福，从来不需要踩在别人的肩膀上。

他跟我说的那句话可以说是激发我情绪的最后一根稻草，他应该没有恶意，但是我也感觉不到他的善意，所以，我选择顶回去。关于这样没有善意的沟通，几乎每个人都曾遇到过，为此，我想用几个问题说明我的观点。

一、你都已经明确让我不舒服了，为什么我一定要让你舒服？

如果对方没有意识到他的沟通让我们不舒服，且持续不断地用这种方式进行沟通，很显然对方并没有把我们的情绪当回事儿。这时候我们需要提醒对方，沟通是平等的，我们有让彼此舒服的责任和义务，如果有一方打破了这个平衡，对不起，作为其中被攻击、被调侃、被刺激的那一方，没有义务保持礼貌。为什么我们要为了满足他人的虚荣心而委屈自己？我曾经收到这样的一份表白："你长得不漂亮，身材也不好，但我就是喜欢你。"这种话讲出来，我想问哪位听到了会高兴？你是在赞美人吗？不，你是在赞美自己。你是想说自己能看到一个人身上的优点，而不是只看外表。这种拉踩式的赞美，就算不是出于恶意，内心深处也还是把自己放在了一个更俯视的位置，这样是达不到好的沟通效果的。我听完这种话，只想跟对方说："你滚蛋。"

面对没有善意的人，我们为什么要花过多的时间和精力去为和谐的结果负责？为什么为了让对方不受伤害，我们要消减自己的情绪？这是没有道理的。为了没有善意的人和没有善意的言论，我们却要不断安抚自己，这个成本太高。

二、是什么让一些人肆无忌惮地干涉他人的生活，指责别人的人生？

众所周知，生活中从不缺少这样的人：他总是站在一个高点上，无论高点的名字是道德还是逻辑，毫无顾忌地指点别人的生活，而大多数人则会因为这样或那样的原因顺从、迁就和退让。在我看来，此时我们最需要做的就是通过清晰的表达让对方理清每个人生活和隐私之间的界限。注意，这不是工作场合。如果应酬，或者商业谈判，我们或许还会有其他的顾忌和考虑；如果这样的对话发生在生活里，我们就必须捍卫自己的边界。

三、沟通的目的到底是什么？到底是为了场面好看，还是为了达成共识？

别让沟通尴尬，别让沟通有火药味，别让沟通进行不下去，这是我们的思考惯性。我们是否仔细地想过，沟通的目标和核心究竟是什么？如果为了场面上的好看，我们丢失的是自我生活的界限，是对话中的平等，是保护一个群体的利益，我坚决反对。这不是危言耸听，也不是得理不饶人，而是因为我们的生活中从来都不缺少沉默的体面，也从来不缺少礼貌的退让，我们缺少的是一份能够让自我得到确立的坚决，特别是我们的自我在遭遇羞辱和挑衅的时候。

我们需要在清晰的表达中完成一种共识，那就是每个人都有自己的生活，也拥有为自己的生活做选择的权利。或许会有人在这里争论：那你好好说就好了，不一定要剑拔弩张吧。回想我们类似的沟通场景，有哪一次你的礼貌回应得到了同样礼貌的对待？很少。为什么？因为会让你有这样情绪的人，自身对于礼貌和尊重的理解就需要打一个问号，至少在沟通上，他们是先有问题的那一方。

四、如何在不冒犯别人的前提下，表达善意？

听到过一个很经典的脱口秀段子：如果一个人生病了，他打电话给你，除了想听到你说一句"没事"，其他的什么话他都不想听。这里面恰恰说明了我们在沟通中应该注意的两件事：距离和善意。

先说距离，好的沟通一定要保持一种距离感，无论是谁，我们都需要知道，那不是你，也不是你的生活。每当你想要从自我的角度来表述，甚至来教导对方的时候，请先问问自己：对方为什么要接受我居高临下的建议？对方为什么要允许我的看法和建议侵入他的生活中去？

再说善意。真正有善意的沟通一定是一种帮助的给予。当对方表达出自身的问题或困难时，最好的回答是："我能为你做些什么呢？"然后你要确保自己能够真心地听取对方的需求，并切实地给予对方来自你的帮助。举个例子，一个朋友身体不好，我要关怀，我一定会问一句："有什么是我可以帮忙的？"我会主动给对方提供我能找到的医疗资源或者便利条件，这才是真实的问候。但有的人只会责怪对方："你为什么不珍惜自己的身体？""上次就跟你说了要注意，你就是不听。"我就想问了：请问您哪位？

请原谅在这个部分我的语气会有些激烈，也请原谅我在这个问题上表现得有些极端，更请原谅我对一些人、一些行为的零容忍。沟通，不总是温柔如春风，滋润如春雨，我们不能总是理想化地认为所有的沟通都应该有一个好的场面。如果你受到冒犯，受到无端的责难，正煎熬于不平等的气氛中，那么，我希望你能有勇气，打破场面美好的执念，顶回去。

因为你要把自己当回事儿，沟通才能是一回事儿。也只有越来越多的人明白自己是回事儿，才能减少这个社会上太把自己当回事儿的那群人的数量。

小作业：

你的室友总在你休息的时候大声打游戏，害得你连续几天都睡不好。

遇到这种情况，你会如何与他沟通？

　　可以扫本书封底二维码关注"壹起天真"公众号，在消息栏发送"直接"，你会收到我的建议。

把自己当回事儿

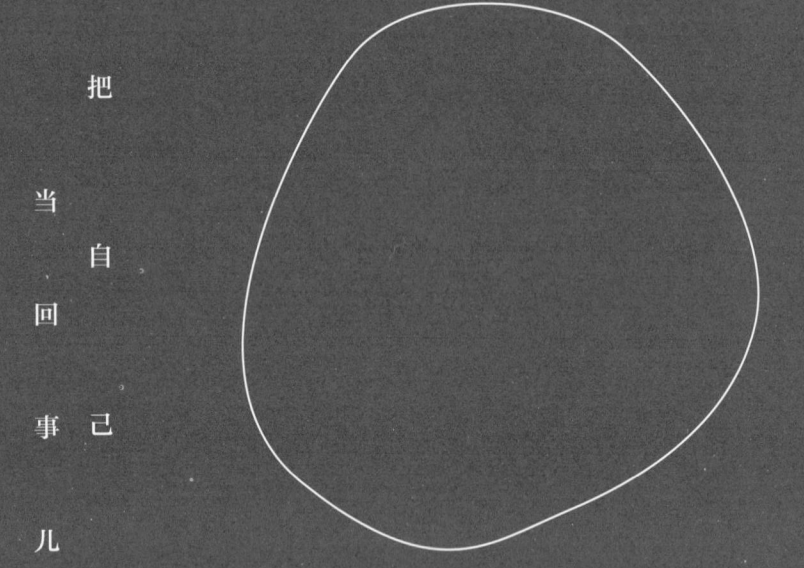

3

"解决问题"
不是结果，是前提

01
解决问题要比问题早

可以说，所有的沟通都是为了解决问题，大多数人会在沟通前的准备阶段中把问题分析得很透彻，却很少有人能在准备阶段就带着"解决问题"的思路去预设方案。这种差别，就是优秀的沟通者和平庸的沟通者之间的差别。

举个例子，做经纪人面试，每次我都一定会问对方这个问题：你现在带着艺人出现在机场，突然有粉丝跑过来要求合照，拍不拍？

回到刚开始我们提到的"解决问题是前提"的思路。如果你仅仅把"拍不拍"当成一个遇到的麻烦，或者一个简单的问题,那我想你的答案应该是简单的"拍"或者"不拍"。这是一般沟通者的惯性思路,却不是我的意图。我考查的是面试者解决问题的能力,而且这里的解决问题是要把方案放在问题发生之前,将简单场景中的复杂性和未知性提取出来,并对应着找到解决的办法。

比如,要考虑艺人今天有没有化妆,状态好不好。如果艺人处在没有化妆且休息不好的状况,则需要工作人员出面,以礼貌的方式进行回绝。再来,接下来的行程是否有时间的限制和要求,是否可以有拍照的预留?此外,前来要求合照的粉丝是几个人还是一群人?是否会有更多的人看到合照而蜂拥上来造成围堵,甚至引起机场的骚乱,对其他人造成困扰?如果有引起骚动的可能,现场有没有保安可以维持秩序?

当面试者可以将方案放在问题发生之前的时候,我和他才会有"解决问题"的共识。如果是在工作中,我就会告诉他我的经验判断,当然,所有的行动还是要以现场的具体情况为准。但也绝不能只是把问题放在这儿,否则到时候真的去了现场,各种问题蜂拥而来,每一种突发情况都会让人措手不及。

用这样的思路来理解沟通,可以很清晰地分解为四步:第一步,做沟通的准备,锁定问题,并想好解决方案;第二步,进行沟通,根据沟通中的细节,调整并提出解决方案;第三步,完成沟通，与对方协商并确定解决办法；第四步，执行沟通，将沟通中的解决办法运用到实处。

我们需要知道，方案要在沟通前准备，解决问题要比问题早。 如此一来，这样顺序上的改变，才能真正地改变沟通的实质。即：沟通是为了解决问题，如果在沟通前，我们就按照解决问题的方法去思考，那么沟通就能达到最佳效果，以此确保沟通后的决策和行动达到最佳。

而超前的思维预判，是让解决问题成为沟通前提的重要元素。这种思路的形成需要进行强化的刻意练习。

回到上面那个机场的例子，艺人和粉丝合照完毕，我们的车接上了艺人，准备前往酒店。假设我们有五个工作人员，整个过程中，需要注意什么？

如果在我的团队待过，每个人都一定做过这样的训练。第一，谁坐前座、谁坐后座需要提前想好，需要和艺人沟通的负责人要挨着艺人坐。第二，下车后，谁负责拿行李、谁负责拿证件办理入住，谁就需要先行下车。以此倒推，这些负责人需要坐在离车门更近的位置。第三，在办理入住的过程中，艺人是在车里等，还是带到酒店大堂，会不会在大堂被人认出来？再倒推一个场景，可能你快下车的时候，就得有一个同事负责收集所有人的证件，让他可以第一时间去办理手续。这样的细节还有很多，我就不一一列举了。只有在演练的时候将问题以最详尽的方式列举出来，我们才能在真正沟通和处理问题时用最高的效率完成。

大多数情况下，沟通会对我们预设的解决方案做出修正，但我反对沟通者带着空脑袋进入沟通。**每一次进入沟通之前，我们不仅需要知道问题是什么，更需要知道我们的解决方法是什么。**

所以，带着这样的思路，在每次沟通前，都不要停止对于问题的发现，而是要问问自己：我该怎么办？方案是什么？这是最佳的方案吗？解决问题不是从沟通之后开始的，相反，在准备沟通的时候，问题就应该已经被"解决"了。虽然实际情况中可能会出现更多的问题，但如果我们总是把解决问题的压力推到最后的环节，那问题只会更多。

一个好的沟通者，会把"问题意识"自主性地转化成"方案意识"。记住，方案比问题有价值，所以，有方案的人比只有问题的人更有价值。

02
解决问题，让你更有底气

在工作中，你犯了一个错误，现在正走在去老板办公室的路上，接下来，你要怎么和老板沟通？

我遇到过很多类似的情况，以前是作为员工，要跟老板谈，而现在是作为老板和员工谈。角色的变化让我对这个场景下的沟通有了一些不同的想法。无论此时的你处在哪一端，最糟糕、最不可取，通常也是最经常被选择的方式就是：找借口。

明明是自己忘记了，却说是因为上一个工作遇到了意外；明明是自己粗心大意，却把锅甩到对方的头上；明明是没有严格执行团队预先的安排，却把矛头指向现场的变故。要知道，老板也是从员工一路成长起来的，哪些是借口，哪些是真实情况，一目了然。犯错误本不是什么大事，因为在沟通上的误区搞得自己在犯错后诚惶诚恐、坐立不安，实在是划不来的事情。

我的建议很简单：遇到问题，别找借口，找解决方案。

汇报的方式分三步走。第一步，造成这个错误的原因是什么？第二步，我的解决方案是什么？第三步，我用什么方法让这个错误以后不再发生？很多人往往只走了第一步，就拐了个弯，去找借口了。

如果确实是忘了，诚实地告知老板，认识到自己容易遗漏的问题，并找出一个具体的方法，备忘录也好，笔记也好，确保在之后的工作中不会再因为遗漏而产生疏忽；如果是因为粗心，诚实地把问题说出来，寻找一个具体的方式，比如在今后的工作中，重要的事物一定会进行二次核查等，实在改不掉粗心的毛病，就请求团队的帮助；如果确实是没有按照计划执行，真诚地说出来，寻找问题的解决方案，并且强调下次如果再发生变动会及时通知老板和团队。

或许以上三个例子并不够详细，因为每一个具体的问题都有具体的原因，但方法和思路是一样的，那就是你需要赶紧找方法把错误弥补上，而且需要找到一个预防的方法，为未来做好准备。

诚然，犯了错误以后，我们会面对来自老板的压力，甚至是雷霆大怒。但大家都明白，沟通不是为了泄愤，也不是单纯为了批评或者打击。沟通的目的是让大家共同认识这个问题，以便在未来的工作中，一起避免问题的再次发生。提前找好解决方案，既是节约对方的时间，也是节约自己的时间。

主动寻找解决方案的沟通方式，既利己，又利他，沟通者也会因此获得更足的底气。

于我而言，如果一个任务没有完成，或者做错了，我就不会再纠结于那个错误本身。我要问的问题是：为什么没做到？是不够重视，还是能力不足？是时间安排不过来，还是纯属偷了个懒？是这件事情的难度系数太大，还是在沟通中发生了问题？

站在老板的角度，则需要主动引导员工做反思，特别是对解决方案的反思，而不是营造恐怖的气氛，让对方压力大到不知所措。我是一个比较讲究工作流程和工作机制的人，如果有人犯了错误，过度责怪是没有意义的。2020年，我决定不做经纪人之后，感觉自己的人生枷锁被打开了，少了很多顾虑，可以更勇敢地做尝试。我开始学习短视频制作，学习直播带货，甚至开始自己做货，研究大码女装。每一件从未尝试过的事情都经历了从全新的接触、学习到掌握其中的逻辑和方法的完整过程。而学习能力的底层正是对自己的认知和对世界的理解。犯错误很正常，但我们需要建立一个机制来防止同样错误的发生。我的团队一直在执行一项名为"白皮书"的工作机制，把之前犯过的错误、踩过的雷都整理到白皮书里，内容越详细越好，而且有三点不能忽略：错误的原因、解决的方法和防范的策略。

白皮书的做法是把"解决问题"的沟通思路从个人层面提升到团队层面，比起个人的反省和反思而言，一个团队也应该具有以解决问题为前提的沟通模式，很多问题是可以在发生前就拦截下来的，不一定要等到发生了再去弥补。另外，如果你初入职场，我建议你也准备一本属于自己的白皮书，把自己在工作和生活中犯下的错误都记录下来，时常翻看，这样不仅能够加快自身的进步速度，也会在沟通中变得更有底气。

我们之前说过：解决问题这个思路，应该是沟通的前提，而不是结果。要知道，老板最喜欢的是结果，而不是前提。

重要的事情说三遍，下次在去老板办公室认错之前，先捋一捋：问题的原因是什么？解决方案是什么？防范措施是什么？

03
一定要想在别人前面

一次我开车去见一个当老板的朋友，不料半路上车子响起了警报，轮胎出了问题，只能缓速行驶。此时，我与对方的公司之间尚有一段距离，原本约定好的时间也迫在眉睫，更不巧的是我一直联系不上要见的这位朋友。如果是你，你会怎么做？把车留在高速上，不仅会接到罚单、面临危险，同时也打不到车；继续缓速行驶，至少会迟到半个小时……

我的处理方式是联系这位朋友的秘书，先确认他的老板是不是已经到了公司，对方说是。我又确认老板的司机是否已经不需要接人，对方说是。紧接着，我又询问司机能否开车过来，我开他的车去公司，司机开我的车去修理。秘书听后立即帮我做了安排。最终的结果是，我没有迟到，我的车也在会面结束后修好了。

这件事情看上去好像是麻烦了别人，实际上是节约了别人的时间。首先，我和朋友的关系很亲密，我知道我直接调度她的司机，她不会介意。其次，秘书和我的立场是一致的，她也希望确保会议准时，所以不会觉得我不礼貌。最后，司机是可调度的"闲置资源"，并没有因为要帮助我而耽误其他事情。掌握分寸感，找目标一致的人协同你，有效地调配资源，就可以提高效率。我准时赶上了会面，朋友赞美我，说都没麻烦她就解决了所有问题，懂得调度资源。

这个故事反映出的是沟通中的一种预判。倘若我在预判的过程中受困于小的格局，既害怕调度对方的资源，又害怕伤害对方的面子，结局看似是我在做维护，实际上我们双方都遭受了损失。我是一个非常爱自己开车的女司机，我有些很爱开车的男性朋友坐我的车，会夸我"敢踩油门"。敢踩不是乱踩，是你知道该加速的时候就去加速，是你看到了前路无障碍，相信自己的提速能力时敢大胆地一脚踩上去。

换个角度来想，预判的前提是双方的时间和效率。当我们做预判的时候，视角应该放在双赢上，最好是两方都得到方便，利人利己。对于每个人来说,时间都是最宝贵的资源和财富。站在节约时间的角度上去思考每一次的沟通,在最大限度上提高效率,就能在沟通中估计双方的感受,从而达到真正有效且体贴的沟通。

举个生活中特别微小细节的例子,我和任何朋友吃饭,假如我先到达餐厅,一定会确认自己的桌号,并发信息给对方,明确地为对方指出从进门到餐桌的最短路径。如果这个餐厅不好找,我还会拍好小视频,告知对方怎么找入口,电梯在哪里。这个动作看起来微不足道,却省掉了对方到达餐厅之后浪费在寻找上的时间,是很贴心的表达。就是这样一个微乎其微的细节,就可以在沟通中让对方感受到你对于时间的珍惜,同时也传达出一种诚意。一旦能够习惯性地为别人考虑,节约别人的时间,生活中无数的沟通就会在一个又一个的细节堆积之后,变得顺畅而又充满人情味。

再举一个小例子。比如我跟别人约了12点吃饭,但我发现自己可能需要12点10分才能到达,我一定会在我知道我要迟到的时候就告知对方我要迟到10分钟。这个细节能够让对方充分掌握时间的主动权。很可能他原本手上正有事情要处理,但因为要准时而不得不暂停,如果知晓我会迟到,他便不用着急赶来。或者,在等待我的时间里,他恰好可以在餐厅完成一件

10分钟内搞定的事情。再或者，如果是我先到达餐厅，我会先问对方饿不饿，要不要先点菜，并把菜单发给他，问问有没有今天特别喜欢吃的东西……

在一段沟通中，我们总需要有一个人比较主动地去照顾另一方的感受，并且随之做出一些积极的安排。想在别人前面，把整个节奏安排好，大家自然就会比较舒服，而"找到一种大家都舒服的方式"在沟通中又是无比重要的。

我们需要明白，这样的习惯不是为了取悦别人，也不是什么心机谋略，而是切切实实地在乎和为别人着想，让对方能够更精准和自由地掌握他的时间。同时，这样的举动也在传递一个重要的信息：我们的时间都非常重要。

我在乎你的时间，因为我也同样在乎自己的时间。这种共通的价值观，可以贯穿整个沟通过程，让双方都能赢得彼此的尊重。

04
谁为结果负责？

投诉时，每当和对方的客服人员争得面红耳赤，我们是不是都曾说过这样的话："把你们负责人的联系方式给我，我直接和他说。"

情侣之间吵架，特别是假如男生做了一些不该做的事情，两个人剑拔弩张到一定程度，很多女生会说："×××，你要对我负责！"

街头发生矛盾，两个社会人互相放着狠话，生怕自己的话语不够锋利，落了下风，其中有一种说法很有威慑力："请你为自己刚刚的行为负责！"

为什么"负责"这个事情被高频地提起,却没有进入我们的主动意识里?这是一个客观存在,却常常被大家主观忽略的概念。因为只有在我们不想负责任的时候,才会想起来,这事该有人为它负责。谁在为沟通负责?沟通中一定会有人为结果负责,这才让沟通变得有效。如果没有人为这次沟通负责,那么这段沟通就一定没有效率,没有进度,甚至没有意义。那只是互相说话,不叫沟通。

主观地意识到"谁为沟通负责"这件事,就是主动为沟通找到了一个支点。

投诉中,"负责人"成为支点,真正找到那个能做决定的人,我们才拥有让投诉得到解决的可能性。恋人吵架中,"你要对我负责"成为支点,要负责的那一方就要为承担结果而做出妥协和改变。矛盾要爆发时,"为自己的行为负责"成为支点,就是说,如果我要把你打进医院了,你别怪我,都是你自找的。

为什么"我为沟通负责"这个概念应该成为沟通时的基本状态呢?因为这样的意识会彻底改变沟通状态。当一个人决定为沟通负责的时候,很多事情就会变得不一样。

而我强调的正是从"谁负责"到"我负责"的转变,这是一次关键成长,这个逻辑转变改变的不仅是沟通中的状态,更是一个人的行为状态。

刚工作的时候，我 22 岁，负责四个艺人，任务庞杂，节奏飞快，但我仍然会在工作全部结束之后，主动去问其他同事是否有什么是我可以帮忙的。帮忙写稿，帮忙处理通告，帮忙解决合同……所有的这些行为都是不图实际回报的，但也并不是"无私"的，因为我在这其中收获的是一个职场菜鸟的飞速成长。

很多人会觉得：我拿多少钱，我就要干多少的活儿，拿得少，我就干得少。在我看来恰恰相反，那个时候我已经拿这么点工资了，如果我不多学习，不多干事儿，我就是在对自己的时间不负责。想明白这一点之后，我愿意去做所有力所能及的事，并且毫无怨言，同事们也非常喜欢我。我的成长速度确实是最快的，未来的空间和发展自然也在同倍速成长。

以前你会说"这个是你的责任"，当意识到"我为沟通负责"后，你就不会再把责任推卸给别人。以前你会说"这个是你的工作"，当意识到"我为沟通负责"后，你就不会再去计较工作中的分工和细节。以前你会说"绩效又不是我的"，当意识到"我为沟通负责"后，你就不会再功利性地将自己从工作中剥离开来。要知道，无论怎么分配，最后的成败其实都是参与的各方一起承担的。

从"我要负责"到"我得负责"的转变，就是一次实质性

的身份转变。能促成这种提升的关键在于每一次"我负责"之后的累积。

史蒂芬·柯维在他那本畅销全球的《高效能人士的7个习惯》中列举了七个能够使人具备高效能的习惯，其中，排在第一位的习惯就是积极主动。能真正做到主动负责，并且把负责的事宜不断趋近完善并不是一件容易的事，在此过程中，我们常常会遭遇未知的阻力和强烈的挑战。这个时候，只要我们能始终不忘当初挑起担子的初心，不退缩，就能把"我愿意负责"变成"必须由我负责"。

有一个问题是这样的：年少时学习的苦，和成年以后生活的苦比起来根本不算什么，但是为什么人们情愿承受后来生活的苦，却不愿意承担年少时学习的苦呢？答：很简单，因为学习的苦，你要主动迎上去吃，但是后来生活的苦，就算你躺着，它自己也会来。

在最后，我想以同样的道理在沟通的讨论中做一个变形：沟通中的责任是沟通者需要承担的，什么样的沟通者会成长得最快呢？答：愿意主动为自己的每一次沟通承担责任的人。你主动迎上去承担的责任越多，渐渐地，你得到的回报也会越多。

05
时刻准备着

我很小的时候看中央台直播的国际大专辩论赛就非常入迷，我也超级喜欢TVB电视剧里法庭辩论的戏份。我一直觉得我长大以后会学法律，当律师，在唇枪舌剑中维护正义。同时，我也喜欢通过思辨获得碾轧式的快感。从小到大，我都是辩论队成员，一般打四辩。四辩的任务和其他队员不同，要负责总结陈词，关键是要在对方全场的发言里找出漏洞，狠狠抓住，再一一反驳。而我的准备工作通常是在辩论赛还没有开场前就已经开始了。

我会根据辩题预设对方的观点，然后把对方可能会有的漏洞都想一遍。我一定会站在正方跟反方的立场，反反复复地推演：如果我是对方，我会怎么拆解这个辩题，我有哪几个攻击点，而且这个攻击点会遭遇什么样的反驳……**这个世界上根本就不存在从天而降的临场发挥，一切皆源于准备。**

如此操作得多了，便找到了其中的要领。很多时候，我发现在真实的辩论赛中，对方呈现的漏洞还没有我自己预设的多。所以，在总结陈词的时候，我可以沉着应对，除了回应对方的漏洞，还能有精力去制造一些笑料，让评委和观众开心，赚取额外的感情分。

说到沟通也是同样的道理，所有的沟通都要求沟通者做好准备，打足预先量。在沟通之前问自己：我的观点是不是有明确的数据和理论支持？我想说的这件事有没有强有力的既有背书？针对这件事情，我预设的沟通难点是什么？我是怎么拆解它的？因为没有准备好或者没有预设好而犯的错误还存在吗？对方可能会有的失误是什么？我应该如何应对？

前不久我录了最新一季的《脱口秀大会》，坐在我旁边的大老师（大张伟）简直就是一个移动的接梗王和造梗王，大家经常被他的话逗得人仰马翻。我们看到的往往是台上那一次次让人忍不住拍别人和自己大腿的精彩瞬间，看不到的是他曾经在相当长一段时间内通过刻意练习的方式做了非常充分的准备，不仅看了很多故事、段子，还研究幽默的人是如何调节现场气氛的。台前幕后，看得到和看不到最终会合在一起。

没有人可以轻易做到临场发挥，所有的临场发挥都是厚积薄发。有的人是靠几十年如一日的阅读，有的人是靠生活中时时刻刻的观察与思考。不管用什么方式，如果想要成为好的沟通者，你就一定要在生活中时时刻刻为沟通做好准备！

一个人是否处在"时刻准备着"的状态中，是我非常看重的素质，甚至可以说是我在面试应聘者的过程中一个决定性的因素。在求职面试中，我有一个非常经典的最后一问："你有什么问题要问我吗？"如果对方说没有，基本上在我这里就会大减分。

原因很简单，如果对方没有在整个面试过程中产生兴趣点和疑问点，就说明他不是一个时刻准备、时刻思考的人，因此缺乏足够的思考力。试想一下，在面试中有那么多细节可以供他来反向判断这份工作和这个团队，无论是抓住其中的哪一环，他都能通过自己的反问来更加精准地定位，定位自己的岗位和这个团队的工作方式，定位自己与对方需求之间的契合，定位自己和这家公司甚至整个行业未来的同频。

如果连这样发问的勇气和能力都没有，我又该对他接下来所有的沟通和工作抱有什么样的期待呢？

"时刻准备着"还有一个更极致的维度,那就是危机意识。我总是要求团队定期思考这个问题:假设有一天我们的公司倒闭了,原因会是什么?

比如说有人贪污违法,破坏了企业的秩序;比如预判失误,连续签了没有发展潜力的新人;甚至比如虚拟偶像发展起来,人类不再需要真实偶像了……我们管理团队都要去做这样的"假想",正因为有了这些假设和预设,公司才会坚决做到依法依章办事,才会坚持严谨的评选制度,才会关注最新的科技发展。这个问题不是日常问题,但偶尔提出来,想一想,对于每个人都会有启发,并且因为这些"倒闭原因"存在的可能性,我们也会有一些未雨绸缪的意识。

机会总是给有准备的人,这句话已经是老生常谈了。同样的思路,高效、高质量的沟通也是给有准备的人的。"时刻准备着",我们要让自己的思维随时处在活跃的状态。就像一个猎人,他的准备并不是从开枪那一刻才开始的,而是在进入森林之前就已经开始了,并且没有任何一个时刻可以放松。是的,沟通的氛围应该是轻松的,但沟通者的思考状态不能松弛。只有在沟通前和沟通中时刻聚焦最核心的目标,时刻寻找共识的基础,时刻切入共情的场景,我们才能让沟通真正地有效。

06
屁股决定脑袋，所以先看屁股

做经纪人的时候，经常会听到艺人抱怨前来采访的记者，觉得对方的提问总是在窥探隐私，或者看起来是在"搞事情"。这时候，我一般会反问："如果你是记者，你要采访一个艺人，你会不会问同样的问题？"

其实，有时候这个世界上的道理往往非常朴素。如果我们只从自己的角度出发，很多事情都是不可理喻的；如果试着去了解沟通的对象，站在他的位置看他眼前的风景，就会发现同一件事情可以有完全不同的解读。假如对方是一个娱乐记者，那么提出能够引发关注和热点的问题并得到回答就是他工作中的 KPI。所以，我通常会建议我的艺人主动提出自己的解决方案:"您刚刚问的那个问题,我不好回答。但我这里有一个挺有趣的事情,您看看能不能用?"能够成为娱乐新闻的内容有很多,其中总会有一条是艺人愿意聊的。如果我们没有注意到对方的岗位和工作需求,而是直接把对方当作假想的对立面,自然是一肚子闷气。但凡我们了解到对方的"屁股坐在哪儿",就会懂得对方采取这种思考方式和行动逻辑的缘由,也就一定可以找到达成沟通的方法和内容。

因为双方的利益诉求和能力范围终有不同,所以沟通时的你来我往,也就导致了在沟通的路上总会有一条裂缝。如果只盯着自己的利益得失,自然无法从达成共识的角度真正地去促进沟通,这是沟通中很多问题的来源。了解对方的诉求,体会对方的难处,是一个优秀的沟通者应该具备的素质。要做到这一点,不妨先从对方的工作内容和工作诉求着手。所谓:

屁股决定脑袋。沟通时,先看看对方的屁股坐在哪儿。

这也就决定了沟通之前需要把一些核心问题想明白:对方的工作诉求是什么?我能为这样的诉求提供什么样的帮助?对方的工作岗位是什么?他的权利范围和边界在哪里?他是否有决策权?他所提出的要求是在他的工作范围之内还是之外?如果我不能满足他目前的要求,我有什么备选方案可以提供?如果这次的沟通不成功,会给他的工作带来什么影响?

如果我们能够一一回答这些问题，自然就会在其中发现突破口，也更会清楚当沟通不畅的时候，问题到底出在哪儿，且我们应该以什么样的方式解决。

还是拿我做经纪人时的工作经历举例。一般来说，我们的很多工作都需要和艺统对接。这时候，我们不仅需要从自身出发，也要从对方的工作性质和需求出发，把沟通的成本降到最低，也给对方提供最大便利，一次就保证沟通的结果。

首先，艺统的工作内容是协调平衡各方的需求，做出让所有人都接受的安排。这份工作有非常多的细节点需要照顾，也有很多出其不意的难题需要处理，非常辛苦。所以，艺统的第一个出发点就是希望工作量越少越好，突发的意外情况越少越好。然而站在自身角度以及根据过往的经验总结，很多杂事和细节必不可免，至少我们可以在时间上给足对方，让他有充分的准备去协调、平衡和处理。所以，我会要求团队一定要把事情想在前面，能够早告知的一定不要拖到最后一秒。

其次，涉及预算的协商同样常常会让艺统为难，所以如果我们要提出一个不同的需求，我一定会让团队提前把账算好。如果一项节目录制原本只需要解决三天的住宿，但因为突发情况，需要延长到五天，这时我就会主动挑选一家价位更低的酒店，或者提供其他可置换资源，让对方很清晰地知道我们的决定和价值不会超过原有的预算。这样一来，对方在内部协调的同时也会相应减少很多沟通中的成本核算与反复对接。

再次，拍摄的流程和方案是需要反复确认、沟通和修改的。如果我们对节目的录制有其他想法，我一般会让团队提前做好几版不同的方案，并且把每个方案的重点和问题都标注出来，让对方清晰地了解到我们做出更改的缘由。如此一来，让对方与我们的困难、想法以及解决方案直接触达，也就避免了双方在沟通中本能地带入对方在无理取闹的抵触情绪。

最后，我一直要求团队和对方时刻保持不骄不躁、不卑不亢的沟通语气，给予对方充分的尊重和理解。有些时候我们确实给对方添了麻烦，所以要把"抱歉"和"对不起"多挂在嘴边。每一份工作、每一个岗位都应该且必须得到相应的理解和尊重。大家每天要面临的事物都很多，压力也很大，让对方感觉到我们的体贴也是保证顺畅沟通的一个重要前提。

硬币总有两面，没有高下更没有对错，思考问题的方式和角度同样如此。因为工作性质不同，你在自己的工作过程中会遇到不同的沟通者，他们也都在不同的工作岗位上拥有着不同的判断标准、取舍原则和决定权。

反过来想想，如果一个沟通者能够在你屁股所坐的位置上给你提供有利于你工作发展的建议，你的脑袋会拒绝吗？

07
先确定对方是不是"笨蛋"

巴菲特说：如果你打了半小时牌，仍然不知道谁是菜鸟，那么你就是。我想借用一下这句话，在沟通的话题里换一个说法：如果你已经知道对方是一个笨蛋，却仍然不知道改变和他沟通的方式，那么你也是。

总会听到身边有这样的抱怨："上次就和他说过这件事情不能这么做，你看看同样的事情交给他，又犯了一模一样的错误。""上次一共说了三件事，他就只办了两件。不用想，这次的结果还是只办了两件！""早就说过了这样做会惹客户生气，同样的情况，他又重复了一遍。"

面对这样的场景，你怎么想？谈话中犯错的那个人是不是一个十足的笨蛋？同样的错误总是犯两遍，同一个坑总是摔两次。但你有没有想过，抱怨的这个人同样也是一个笨蛋，既然已经证明了这样的沟通无效，为什么这一次，他也没有做出改变？

不是我吹毛求疵或欲加之罪，而是在沟通中有一个雷区我们总会踩：**是我们不变的沟通方式，一直在给"笨蛋"机会，让他们犯同样的错误**。注意，"笨蛋"不是一种定位，而是一种状态，有可能是因为经验不够，有可能是因为客观条件不允许，有可能是因为情绪上的不成熟。

我以前经常听到团队抱怨不专业的合作方，说他们很难沟通，又容易犯很多琐碎的低级错误。我通常会抛出一个反问：如果所有人都非常专业和靠谱，那为什么还需要我们的工作？那艺人们为什么还需要找经纪人，找个助理不就对接完所有工作了吗？我们工作的一部分内容不正是对这些笨蛋行为的处理吗？

我也经常听到身边有身为管理者的朋友抱怨：某某下属沟通能力非常差，每次沟通都有问题；某某下属真不会办事，每次犯的错误都一样。我就会想，如果你已经知道对方的沟通能力差，在不开除对方仍需共事的前提下，你为什么要把和强沟通者的那一套原封不动地搬到他这里来？你有没有反思过自己的管理方法、传递知识和信息的能力是不是也不到位？

一旦确定了对方是"笨蛋"，就要用适合与"笨蛋"沟通的方法。因为每个人的理解力、执行力、抗压力等方面都存在明显差异，优秀的沟通者需要根据不同的沟通对象，制定不同的沟通策略。

如果对方的反应能力或者时间、精力有限，我们在交代事情的时候，一定要尽量一个一个来。如果实在需要交代多个任务，一定让对方对已经布置的工作做重复确认，确保没有遗漏。举个例子，去餐厅吃饭，我们常常会因为服务员的疏漏而生气，明明让他催促上菜，再多拿一副餐具和吸管，结果对方只拿了吸管，忽略了另外的需求。从沟通的角度看这个问题，首先，服务员的时间和精力有限，短时间内无法完成高效沟通很正常。其次，你可以礼貌地让对方重复一下你的需求，让对方用自己的语言辅助强化记忆，完成多项任务的难度就会降低。

如果你已经感受到对方的接受能力和分析能力还有待提高，那你就必须将整个事情的来龙去脉，以及需要对方完成的各项细节，甚至包括解决各类已知问题的方法统统告诉他。比如，一个写策划的任务交到了一个不善于沟通的人手中，你就需要把之前类似的策划发给他，以提供有效的借鉴，而不是让对方平地起高楼，一抓一手黑。

如果对方在同类事件中已经重复犯过同一个错误，那么在这一次交代任务的时候，你就需要明确地提醒他上次犯错的细节，并提醒他这个错误别再犯了。如果实在没法改变这个事实，你就不要再把类似的工作派给他，不然悲剧就会不断地上演。

如果你感受到对方思绪比较杂乱，理不清重点，你就需要主动帮他理清思路，比如这些话要挂在嘴边："咱们现在'共识'一下。""我们要解决的第一个任务是什么？""这件事情的重点是这个。""解决方案的关键是什么？"特别是当派出去的工作是一个相对比较复杂的任务时，你更需要帮忙理清时间的脉络和重点，不然对方连从哪儿上手都搞不明白。最后耽误的还是整个团队的时间。

聪明人之所以能够存在于这个世界，就是因为这个世界上永远都会有笨蛋。 时间流逝，有的笨蛋会脱胎换骨，变成聪明人，有的笨蛋会坚持自我，一直做笨蛋。我们永远不能对所有人都用一套沟通方法，那样不仅你会很辛苦，沟通结果也很难保证。如果不能想明白这个道理，那就说明，你才是笨蛋。

08
为什么不可以因为工作而牺牲健康？

碎片化的时代就会有碎片化的表达，我们的沟通中到处都是支离破碎的片段。对于这个现实，我们不仅需要习惯，更要明白如何运用，如何抵抗。前不久，很多朋友留意到了我在一个节目里说的这样一句话："我们为什么不可以因为工作而牺牲健康？"大家纷纷做出回应，分歧很大。有工作狂表示我说出了他们的心声，有亲近的朋友关心我的健康近况，也有人觉得我这是站在老板的视角给员工洗脑。

大体上，无论大家的意见多么天差地别，最终都会有一个共同的落脚点：这句话所代表的观点太过绝对，不像是一个应该全盘接纳的想法。到这里，我就已经达到了目的。节目组把这句话专门剪出来就是因为它足够醒目，可以引起舆论的关注。而我之所以会说这句话，其实是想用这句绝对的话，去抵抗另一句绝对的话，让大家反思究竟什么是绝对。

这要从我和妈妈的一段对话说起。

我工作特别忙也非常拼，常常顾不上吃饭和睡觉，妈妈很是担心，所以每次通电话或是回家，妈妈总会在我的耳边唠叨一句话："健康永远是第一位的，工作再重要，也不能牺牲健康。"我自然了解妈妈的良苦用心，也明白到了他们的岁数，健康问题会一一出现，她是以过来人的经验帮我提前预防。

但是，这句话在我看来有一个很大的问题，它是静止的，它没有具体地去讨论这个人当下的人生阶段和排序情况。我反对的从来不是健康和工作的对立，而是那些根本不经思考的固有观点和约定俗成。

无论你是否承认，在沟通的过程中，我们总是会坚定地相信着一些信条，而真正的信条会带给我们力量和勇气，但一些没有经过任何思考的无脑观点，恰如某些太过绝对的、约定俗成的问题，没有给人留下思考的空间，好像只要按照这样的说法过人生，就永远都不会错。我想要抵抗和让自己警醒的，正是这种全盘接受的态度。

2020年国庆期间,《夺冠》的热映让大家再次被中国女排的姑娘们深深打动,她们是为国争光的奥运冠军,为祖国带来了荣誉和骄傲。但很少有人知道,她们每个人身上都有不同部位、不同程度的伤,惠若琪甚至在奥运会之前做了多次心脏搭桥手术。如果健康永远都是第一位的,那我们是不是应该告诉她们:"你现在的健康出问题了,这项运动会影响你的健康,你不可以上场。"这听起来就很荒谬,对吗?因为在女排姑娘们的人生目标排序中,这个阶段有更为重要的事,即使遍体鳞伤,她们也会背水一战,在所不惜。没有任何东西能够阻挡她们,这样的坚毅和勇敢让我们欣赏、敬佩,也向往。

几年前,我生过一场大病,健康的重要性立马上调,成了最重要的选项。但我依旧无法完全抛开工作,这是我的性格决定的,我做不到。这时候就有声音跑出来:你是个经纪人,是娱乐圈的人,你凭什么有这样的想法?你的工作算个屁!为什么你要为你的工作去牺牲你的健康?但在我看来,每个人的人生燃点是不一样的,可能在别人看来是个屁的事情,在我心里就是非常重要的。我们都是在维护自己在意的事情,维护自己的信仰。

工作和健康谁更重要?这可以写一篇论文。在我看来,在不同的时间节点,每个人的人生排序都不同。我的身体非常健康，当然就可以全力以赴去工作；如果我的身体出了问题，当然要第一时间解决问题。而这个比较，不可能在一个静态的句子里就做出绝对的判断。

在自我沟通的过程中，独立思考的能力是非常重要且必须具备的，我们必须知道自己在坐标中的位置，从而判断什么结论对自己有用，对现在有用。 也正因为有了坐标和自己的对照，我们才会知道有些结论听起来很有道理，但它对自己不适用，或者与现在的自己不匹配。**我们的观点应该保留被影响的空间，接受不同角度的声音，但绝不应该被统治、被支配。因为一旦失去改变的弹性，我们就失去了自我沟通的前提。**

单个的价值判断可以通过日常的自我沟通来与自己达成和解。可怕的是由一个又一个约定俗成和固定认知所形成的社会共识，这样的社会共识会对个体形成巨大且无形的压力。因为"好女不过百"，我们遭遇美学的困境，仿佛瘦就是美的唯一标准，体重成为一种刻度。因为"男大当婚，女大当嫁"，我们遭遇逼婚的窘境，仿佛选择单身、选择独居就是一种对幸福的背叛。因为"三十而立，四十而不惑，五十而知天命"，我们遭遇年龄的困境，自己的年龄仿佛是一格一格的尺度，必须不断奔跑，疲于奔命。

在与自我的沟通中，我们要警惕这些数字，因为数字是冰冷的、不动的，但自我和人生应该是温暖的、变化的。**我们需要的不是一套绝对的标准，而是要去建立一个坐标，然后把自己放进去，变成那个频频闪动的点。**

再回到那个问题：我们为什么不可以因为工作而牺牲健康呢？我希望得到的不是一个个的答案，而是越来越多的问题。**只有当我们用问题回应问题，而不是一味接受答案的时候，问题才会变得更有意义。因为疑问本身的目的就不是顺从，而是思考。**

09
格局有多大，沟通维度就有多大

讲一个特别有意思的故事，曾经有一个初入行的保险销售向一个很有钱的客户推销自己的产品，他说："看起来您现在是投入了几万块钱，但在以后您生病的时候，就可以通过这几万撬动几百万，等于您现在就已经提前购买了一套房。"那个很有钱的客户只是淡淡地回复："哦，没关系，到我真生病的时候，我随便把手上的房子卖一套就够了。"

这位销售的话术从沟通态度到业务描述，听起来都没有什么大问题，为什么却得到了对方这样的回复呢？这段沟通的问题出在哪儿？如果是我来解读的话，我认为关键问题在两个字：格局。

从以上的对话分析，很显然保险销售的格局来自财富积累的角度，因而认为保险的投入与回报可以用一套房来做类比，逻辑上没有问题，但是这样的想法对于一个手上有着十几套房的用户来讲是没有吸引力的，甚至有些小家子气。财富积累到一定阶段，他们评估事物并做出判断和决策的视角和格局就不再仅仅是钱。"房子"打动不了他，"健康"可以。

格局，决定了沟通的维度。

面试中，我通常会问一个问题："你曾经承受过最大压力的事情是什么？"通过这个问题来探测面试者的抗压能力。有一次，一个面试者告诉我，她压力最大的事是她和寝室里的其他三个女孩子吵架了。我愣了一下，不知道应该如何回应。我当然明白，每个人的压力和感受都会受到人生阅历以及当下情绪的影响和局限。很多道理属于岁月的馈赠，只有经过时间和过往的淬炼，才能慢慢懂得。对于刚出校园的大学生而言，尚没有经历过社会上的风风雨雨，但是拿这个问题来问我，其实也得不到好的答案，因为在我的记忆里，已经没有"如何与寝室同学相处"这个题面了。所以你问了一个可能隔壁宿舍女孩就能回答的问题，我既给不了你最好的回答，你也浪费了一个跟我交流的机会。

我常常在直播间里回答网友的提问，其实也没有预设什么话题，但是不知道为什么每次直播都变成了人生和职场问答。我从来不觉得自己一定就是对的，也从来不建议大家完全照搬我的模式，只是希望可以告诉大家：我用这个方法走过了一些路，最终的结果还不错，你不妨结合自己的特点，试一试。

我常常看到一些很笼统的问题，比如："大学生怎么面对走向社会的问题？"我都要问："哪儿的大学生呢？家境怎么样？学校好不好啊？"诸如此类。因为一个问题背后的对象不同，真实的困境也是不一样的。尤其不要用一个关键词代替一个具象的人，这种大而化之的问题对于真正想回答问题的人来说无从下手。我并不是在强调这次提问是一个多么难得的机会，而是实打实地希望大家可以在每一次抛出问题的时候提供更多的信息，这里面代表着你对真实生活的思考。我们总说答案里有你的价值观，其实提问中同样包含着你的思考、你的认知、你希望得到的别人对你的期待，以及对你格局的判断。

沟通的内容是由沟通的思路决定的。沟通的思路是由一个人的想法决定的。一个人的想法是由其格局决定的。所以，格局不够大，沟通维度就会小。如果一直没有提升，就会一直困在原地。

提升自我的格局，是一个缓慢的过程，它取决于你的人生经历和不断的思考。我们要知道：不断上升，以到达更高的层面，这是需要动机、动力和行动的。如果你还没有意识到格局这件事，你就很难有更高层次的突破，因而很难到达更高的天地。

举个例子：在一次面试中，面试者讲了很多前公司包括前老板和同事的坏话，同时也带出了很多商业操作方面的细节。面试还没有结束，我就已经很清楚自己不会录用他。我对这样的行为非常不认同，很明显他缺乏一个足够大的格局观。他没有把更多的视角放在自我成长和自我反思上，而是把责任和情绪都推给了别人，这是其一。他不明白圈子其实很小，他吐槽的人可能是我的朋友，他骂的公司可能和我们有合作或者是敌对关系，这是其二。他不知道在沟通过程中应该保持适当的距离和体面，这是其三。他会让我觉得如果以后他离开了我的公司，我也会遭到同样的待遇，这是其四。与此同时，面试者的格局太小，会让我觉得他的工作能力和情绪控制也会与他的格局一样。

再举个例子，同样在面试中，我还会比较关注一个概念：困境。我会问：你决定离开上一份工作的原因是什么？遇到了什么困境？你是怎么解决的？如果他遇到了确实无法解决的局面，我会买单。同样，如果他坦然表示自己的野心，需要一个更好的工作平台和机会，我会理解。如果他讲出来的困境在我对他的评估和判断来看根本不是事儿，我觉得他在我这里只会遇到更大的困境。而他的格局，注定不适合成为我的同路人。

本质上"格局"是一个非常大的话题，可能一本书都讲不完。要提升格局，就必须要从意识到格局的重要性开始，这一点，毋庸置疑。

小作业:

你是一场直播节的总操盘手,原定12点整开始直播。一位非常重要的嘉宾在直播开始前5分钟才到场,且没有妆发,也从未对过台本。

请提出你解决问题的方案。

可以扫本书封底二维码关注"壹起天真"公众号,在消息栏发送"解决问题",你会收到我的建议。

把自己当回事儿

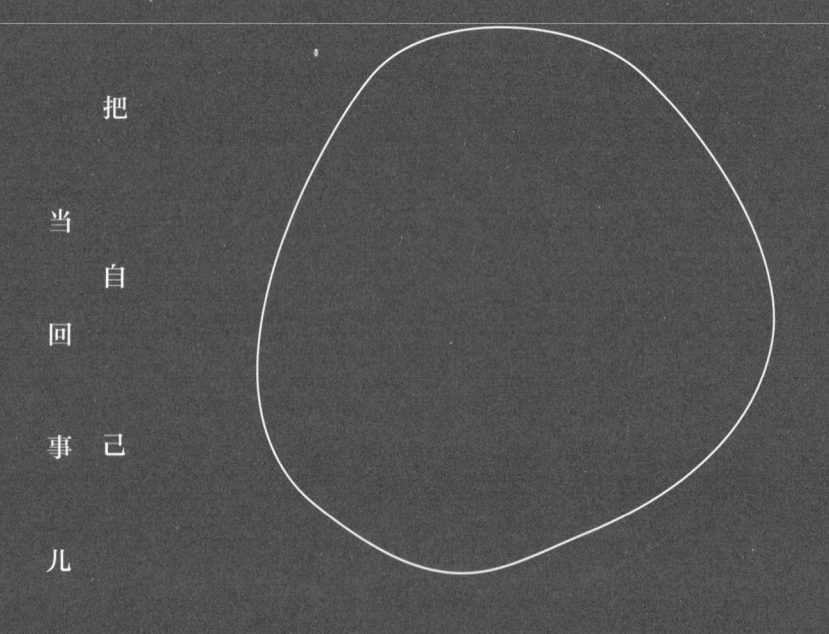

4

共情的情，
不是情绪，是情理

01
不要把情绪当作武器

　　大家都玩过"狼人杀"吧？在这个讲逻辑的推理游戏里，有一种玩法是被禁止的，那就是"贴脸"。所谓"贴脸"，就是指玩家在发言中表露过激的情绪。比如，一个人明明拿了狼人牌，但是在发言的时候振振有词地说："我拿我的人格担保，我真的不是狼！"或者一个人拿了预言家牌，场上相信他的人却很少，他就气急败坏地说："那你们等着，等游戏结束了看结果，到时候不要后悔！"又或者一个人要被大家投票淘汰了，就开始装可怜，说："我今天心情特别不好，才过来玩游戏，求求大家了，就相信我这一次！"

为什么"贴脸"是狼人杀禁止的发言方式呢?因为这种玩法用很偏激的方法把情绪当作了一种武器。人,总是无法忽视情绪的,甚至很多时候非常容易被情绪主宰。这样的发言会把一个本来以逻辑为主的游戏变成一场演技大赛,对讲求逻辑而不把情绪作为武器的玩家不公平。

回到现实的工作和生活中,"贴脸"无处不在,甚至可以说越来越流行。

一个女孩本来情绪非常稳定,但是谈判对象很难说服又必须快速攻克,只好在谈判过程中故意情绪崩溃,边哭边诉苦。最后,谈判对象答应了女孩的条件,把情绪作为武器的女孩获得胜利。

一个老板明明没有生气,但是想让员工更快地完成工作,于是故意情绪崩溃,佯装大发雷霆的样子,员工被唬住,不得不在高压的逼迫下加班苦熬。最终,把情绪作为武器的老板获得胜利。

这样的例子还有很多,我在录制《令人心动的 offer》第二季的时候还专门讨论过这个话题。正因为每个人都遇到过类似场景,我们才会产生疑问:沟通要共情,那么,能不能把情绪作为一种武器呢?我的回答是:最好不要。

第一，功利性地把情绪作为武器是一种非常低级的手段。它可能会让你一次性达到目的，同时也会建立一个印象：你是个情绪不稳定的人。

在判断晋升的环节，我非常看重一个人的情绪是否稳定。能力相似的两个竞争者，我一定会选择情绪更稳定的那一个。因为稳定的情绪能够保障就事论事的沟通，你可以如实地指出他的缺点，但情绪不稳定的人则接受不了。遇到挫折，情绪稳定的人会先做事，再处理情绪。而情绪不稳定的人则要先照顾情绪，再做事。崩溃的过程就是一个互相消耗的过程，这会大大影响沟通的效率和质量。

第二，长期使用情绪手段，会让周围的人免疫。等你有真情绪时就不会被重视。

耍手段这事屡见不鲜，利用自己的情绪，其实是利用了别人的同情心或者想息事宁人的心态，一旦奏效，很容易形成路径依赖。所以当被人识破的时候，会有更大的反噬，等你有真正的情绪出现时，你的交流对象很容易出现"狼来了"的心理，不再在意你的心情。《巨人的工具》这本书中提到过一位将军，他每次接到上级任务，上级都会问一句"还有什么需要支援和帮助的"，他都会回答没有。因为他知道，不要随意发出求救信号，这样当自己有真正的需求时，才会第一时间得到最全面的支持，因为所有人都会知道他是"真的"需要帮助了。

第三，情绪的消耗会降低沟通的实质内容，它也许能帮你促成沟通的结果，却不能保证事情本身的质量。

我一直强调效率，利用情绪的过程实际上就避开了实质的内容讨论，沟通者需要消耗更多的时间来应对情绪的阻碍，以及管理沟通中的情绪平衡。经常发生的状况是：利用情绪作为武器，可以把事情办成，却不一定能够把事情做好。用情绪恐吓来解决问题，很像哄小孩的时候，说出"你再淘气我就不要你了"这种话。如果长期用这种情绪压力去解决问题，小朋友不知道自己的问题在哪儿，还会成为一个根据别人情绪反馈而判断自己下一步行为的人，不能找到真正的解决之法。

总而言之，达成一件事情有很多种方法，不一定要用情绪，但情绪比较快、比较直接，这就是情绪的作用。我们需要明白情绪在这里面能够真实产生的作用，却不能依赖于把情绪作为一种万能的沟通方式，因为它一定不会让你获得持久的有效性。

我从来不认为情绪是一种武器，有人使用它，我不反对，但我肯定不鼓励，我鼓励的叫作共情。 真正的共情是理解对方，然后站在对方的立场上去思考问题。如果先认定情绪是种武器，我们是永远达不到共情的。共情是懂得把对方跟自己放在同一立场上,而情绪作为一种武器时,沟通的对象就被当成了敌人,站在了对立面。你的方式就变成了用情绪崩塌去恐吓对方,换取对方的同情,以便达成你的目的。

回到狼人杀,真正的高手是不带情绪的,他们永远是用自己的逻辑和思考来说服你,而你成长的过程就是不断让自己的判断力得到提升,找出每个人发言的漏洞,从而做出正确的选择。聪明的人会明白一个道理:如果我起了一次情绪,获得了胜利,我下一次就得起一个更高的情绪。这样下去,你就不是在玩狼人杀了,你是在演戏。

02
"多喝热水"到底错在哪儿？

女生说："我今天来'大姨妈'了。"男生说："多喝热水。"老婆说："我今天工作了一天，好累。"老公说："多喝热水。"女同事说："最近压力好大，好想辞职。"男同事说："多喝热水。"

"多喝热水"这句话，是一个沟通中的烂梗了。为什么这句话能够惹得所有女生大翻白眼？原因很简单：回答"多喝热水"的人，要么就是不懂共情，要么就是不愿共情。

沟通，不仅是言语上的你来我往，更是情绪上的你来我往。我们通常会把情绪理解成一种辅助手段，而沟通中的内容才是重点。有些时候，内容是要给情绪让位的，我们需要判断，如果对方的问题是纯情绪问题，那么这个时候，对错、观点、道理就都不重要了。

举个例子：一个女孩和男朋友吵架了，需要找人倾诉男朋友的过失，她通常会先找自己的闺密。因为吵架之后的情绪第一时间是委屈，她需要一个倾听者、一个支持者、一个同战线的战友。她可以在沟通中宣泄自己的情绪，直到自己的感性放大到最大值，然后理性慢慢回来。如果她找的是懂得共情的沟通者，那就会是一场同仇敌忾的交谈，就是对人不对事的被理解的感觉。如果女孩找到的是一个很讲道理的说教者，在情绪没有发泄出来的时候只强调对错和道理，那么委屈感就会加倍，女孩会觉得自己不被理解、不被关心，甚至会觉得全世界都是她的对立面。

可以想象，第二种情况多么惨不忍睹。而那个不懂共情的人会觉得自己说的都是对的，但是搞不懂对方为什么就是不听，自己反倒被指责没人情，甚至没人性。不好意思，人都会因为情绪爆棚而脑袋进水，你要是不能让这女孩脑子里的水变成泪水从眼睛里流出去，你就永远都无法跟她讲道理、谈方法。

再举一个例子。我有个前同事，她能力很强，但总是很情绪化。每当她有情绪波动，需要找人聊天、需要人陪的时候，我就很明确地知道：她不是不知道该怎么办，而是想找个肩膀、找双耳朵。我需要做的就是不断地跟她说："我理解你。""我懂。""真的不是你的问题。"只要能让她在情绪上有个支撑，就够了。

纯情绪沟通不需要建议，更不需要解决方法。你大可以把自己想象成一个树洞，对方只是想把情绪倾倒在你这里。或者，你把自己想象成一个无情的站队机器，对错不重要，站在对方身边才重要。

回想一下上面的三句话："我今天来'大姨妈'了。""我今天工作了一天，好累。""最近压力好大，好想辞职。"这些表达到底在寻求什么？答案很简单：她就是在撒娇，她就是希望你在意她，她就是希望获得你的理解，她就是在渴望你的关心，她就是在期待你的安慰……

面对女友的"大姨妈"，你就抱着她，说一句："没事，我陪着你。"

面对老婆的疲累，你就给她按按摩，说一句："辛苦了，好好休息一下。"

面对女同事的压力，你就给她一个坚定的眼神，或者拍拍她的肩膀，说一句："你这么优秀，一定能行！"

纯情绪的表达到处都是，它可能发生在亲密关系中，也可能发生在职场上。它不仅发生在女生身上,男生也会有这样的需求。这个时候,男生可能会跳起来反驳:"不是啊,如果有哥们儿给我纯情绪的输出,我一般会从事实的角度出发,给他分析,男生之间,观点和内容更重要。"好,我可以承认这个点,但是,我就问问广大的男生朋友,那你们为什么这么喜欢借酒消愁?你们喝酒的时候说的那些话,也是在给对方提供解决方案和案例分析吗?

那些酒桌上噼里啪啦、酒桌下啥都不记得的话,真的不是一种情绪对情绪的"嘿,兄弟,没事儿"?

03
"对不起"应该怎么说？

"对不起，我错了，你都是对的。"

这个道歉听起来怎么样？你会如何回应？反正是我，我会炸。那么问题来了，为什么对方已经先道歉了，结果却会让人更不爽？

问题出在态度上。在情感沟通的过程当中，道歉是一种强表达，是一种修复，出发点是之前行为造成的损失和伤害。为什么我们要道歉？是因为我们在意，不论在意的是人、是关系、是结果，还是利益。总之，道歉的诉求是征得对方的理解、谅解以及和解。所以，**道歉的目的是达成某种共识，从而在情感**

上再次回到同一阵营。

"对不起,我错了,你都是对的。"这句话里,最让我火大的是这个"都"字。"都"意味着什么?它意味着道歉的人根本就不知道为什么自己要道歉,甚至带出了内心的"我很不情愿"和"好吧,好吧,就这样吧"。真诚的道歉一定是你真的意识到自己给对方带来了伤害,或者把事情搞砸了,而不是你觉得自己没有错又不得不站出来。

如果你都还没有说服你自己,那就不要急着道歉。在说出"对不起"之前,先把思路理清楚,这样态度才会明确。态度够真诚,对方才能真正感受到你的真诚。

"对不起,我错了。但是如果你当时态度好一点,我也不会说这样的话。"

"对不起,我错了。可是如果我当时就告诉你,你肯定会反对的。"

"对不起,我错了。不过这件事情不是已经得到处理了吗?"

这三句道歉听起来怎么样?会不会觉得有哪里不对?为什么听起来不但没有得到情感上的抚慰,反而好像更加生气呢?关键是后面的那句话,**道歉的核心不是那句"对不起",而是对不起之后的内容。在这里,真诚的道歉要找的是原因,而不是借口。**要想区分原因和借口其实非常简单,借口是你把责任推卸到别人身上或者外界上,而原因是从自己身上寻找。

"对不起,我错了。但是如果你当时态度好一点,我也不会说这样的话。"这是借口。"对不起,我错了。当时我确实没有控制好自己的情绪,一时冲动了。"这是原因。

"对不起,我错了。可是如果我当时就告诉你,你肯定会反对的。"这是借口。"对不起,我错了。当时我没有在意你的感受,没有将实情告诉你,也没能及时了解你对事情真实的想法,是我对你不够尊重。"这是原因。

"对不起,我错了。不过这件事情不是已经得到处理了吗?"这是借口。"对不起,我错了。当时如果一起想办法、一起解决,结局可能会更好。"这是原因。

在道歉的逻辑里,出发点不是对方,而必须是自己,只需要思考我是不是确实有没做好的地方。对方没有问题吗?当然也有问题。只要出现需要道歉的情景,那两方一定都是过错方,不存在绝对没有过错的一方。但是真诚的道歉一定会同时给对方提供反省和思考的机会。

如果能够意识到态度和找自己原因这两点,道歉就已经非常真诚了。我想说,如果你不满足于此,那道歉的时候还有一个非常重要的元素需要注意,那就是再加上一个建设性的解决方案。如此,这就是一个接近完美的道歉。

道歉不仅要真诚地往前看，还要建设性地往后看。

提出解决方案就是主动承担责任。道歉可以让沟通重启，而解决方案可以让沟通更快地朝正确方向运行下去。"亲爱的，对不起，今天我实在太忙了，晚饭和电影爽了你的约，下次不会了。"这是一个真诚的态度，值得借鉴。其实更好的表达是："亲爱的，对不起，今天晚饭和电影是我爽了你的约。我查了一下日程，这个周六我没有工作，我会预订好餐厅和电影票，如果你那天也有空，我们把今天的补上。"真诚的态度、自己的原因、解决的方案，全齐。我想，不论是谁听到这样的道歉都不会有太大的意见吧？如果还不满意，那就不是这件事的问题，而是人的问题了，也就不仅仅是道歉可以解决的了。

活学活用，我来创造三个需要道歉的场景，你来想一想应该如何道歉。

第一个场景："双十一"期间，你因为晚上血拼到深夜导致第二天严重迟到，你进大门时刚巧被老板撞个正着，随即被叫到了办公室里。你该如何道歉？

第二个场景：和伴侣发生争论，你突然没有控制住自己，爆了粗口。你该如何道歉？

第三个场景：客户要的工作成果，你因为对方的众多要求没有完成，今天就是截止日期，你却拿不出东西。你应该如何道歉？

04
压力太大，怎么办？

有一天，我看见办公室里的一个小姑娘用手用力地挤压着一个什么东西，从表情上来看，这个动作让她很舒服。我走近一看，发现在她手心里的是一只眼珠。惊恐之余，我才发现那是一只用橡皮做的假眼睛，使劲儿一按，黑色的眼珠就会从里面被挤压出来。这是从日本传过来的一种玩具，小姑娘嘴里冒出了四个字："解压神器。"

压力，几乎给每个人都带来过困境。无论生活在都市还是田野，无论刚入行业还是久经沙场，这种可怕的力量都会以各种形式出现，从来都不会放过任何一个人。要理解压力，大小是关键。这里的评判标准取决于你自己的抗压能力。面对略低于或等于你的抗压能力的压力可能是一件好事，处理得当，这种压力可以转换为动力。如果压力明显大于一个人的抗压能力，这种压力就会变成阻力，甚至是一种摧毁力。

压力过载会导致一个严重的后果：动作变形。

动作变形非常可怕，因为它会让一切都变得极不稳定，本来可以完成的任务可能会因为动作变形而承受失败的风险。要避免动作变形，就需要知道对抗压力的方法。我们可以把压力源分为两种：间接压力源和直接压力源，它们对应着两种不同的解压策略。我想说，比起拼命地去捏手里那只假眼球，沟通才是解压的良药。

直接压力源最好理解，就是某个人直接通过语言和行动对你施压，你可以有的放矢地进行抵抗。这时候可以通过"直接叫停"和"寻求共识"的方法解决，具体可以分为以下四个步骤：

第一步，自我预警。 我们可以将压力的管理机制理解成一个阀门，当压力过大的时候，我们一定要有一个报警装置，防止动作变形。你要时刻提醒自己，现在的焦虑和紧张已经到达会导致动作变形的边缘，必须先停下来，将情绪冷却下去，把它当作一件正常的事情处理。

第二步，直接沟通。 如果沟通对象的施压程度超过了我的接受程度，我会选择直接告诉对方："请不要再向我施加压力了，如果压力过大，可能会导致我动作变形。我知道你给我施压的目的是让我引起重视，我可以很肯定地表示我已经充分重视了。"我之前不断强调，直接是沟通中很重要的方法。在沟通中的压力爆棚时刻，我们就需要直接叫停，让对方明白压力的程度边界在哪里。

第三步，再次理清共识。 单单要求对方不要再进行施压是不够的，接下来，我们需要花一些精力和时间与沟通对象再次理清彼此在关键部分的共识。这件事情的首要目的是什么？目前这件事情最大的困难是什么？我们面对这个困难的解决方案是什么？我们目前有没有为最坏的结果做好准备？通过这些问题，我们可以再次和沟通对象梳理事件，并且在明确信息之后，让自己的情绪得到稳定。

第四步，寻求（或提供）帮助。 尤其在团队里，自己或者同事面临合作方施加的压力，一定不要独自面对，而要抱成一团，彼此提供支持和帮助。理性一点，我们可以在同伴的帮助下把整个事件再理几遍；感性一点，我们可以得到同伴的宽慰和支持。如此，压力会分担到更多人的身上，我们也能在协作中更好地缓解压力。

与直接压力源相比，间接压力源会比较复杂，它通过一个庞大的外部系统形成,最终直接作用于接受者,说白了,就是你无处喊冤,因为这种压力没有一个明确的来源。这个时候就一定需要良好的自我沟通来疏解。

一年前,我的名字频繁出现在热搜上,几乎都是对我的营销手段的误解和以此产生的话题。其中一条我印象非常深,是指责我所带的艺人在社交媒体上都在用同一种口气说话,甚至起名叫"天真体"。这种毫无逻辑的推理给出一个与事实相去甚远的结论,但是把我放在了风口浪尖上,当时的压力让我感受到了"至暗时刻",以至于对自己整个的工作内容和方法都产生了很大怀疑。

我在家里什么也没干,晒了三天太阳,也做了三天的深度思考。所谓深度思考,就是在我们想一个问题没有答案的时候,不断拆解这个问题,逼迫自己追问答案背后的动因、问题之下的问题。这就是一种自我沟通。尤其是在面对"无形之针"的时候,这种良好的自我沟通极其重要。这一点,我在第一章有非常详尽的描述,接下来,我会针对具体情况分三步阐释自我沟通中的解压过程。

第一步,问自己:我会因为压力而改变吗? 当时,我把这个问题想到了极致,如果再来一次,或者再遇到类似的情况,我还会用同样的方式去解决吗?我的结论是:我会。因为这是我的工作风格和工作方法。我用这一套方法论创造了不小的价值,也获得了很多成绩。那么，我就必须面对这套方法论所带来的损失。当时我可能要面对的局面，就是每一套方法论都一定会有的属于它的副作用。我不能因为看到了副作用就全盘否定它。

第二步，问自己：如果我换一种方式，压力依旧存在吗？ 你会发现这个答案同样是：会！我借此重新全面地梳理了自己的工作，并看到了很多在没有压力的状况下看不到的东西，同时明白了问题的必然性，除了承受，没有解决方案，因为我的选择不变。我在那个时候清晰地认知到自己不会因为舆论的压力而改变自己，所以就选择了去承受它。

第三步，问自己：接下来，我要如何跟相关的关键人士达成共识？ 我应该先跟所有的客户去做沟通，避免他们产生误解。因为除了我自己的感受外，他们才是这个事情的受损方，通过沟通告知他们这件事情发生的缘由，还有我的解决方案。

回到办公室里的那个女孩，除了假眼球，她还网购了各种各样的解压神器，有超大号的要用拳头捶打的回车键，有通过手部挤压而呈现各种扭曲表情的橡皮人脸，有固定在桌子上任你怎么打也打不倒的不倒翁沙袋……

当然这些东西其实最终都没能完全解决她的压力，我跟她说了以上我写到的这些方法，后来……后来的事情，我还没有问她，好奇的话，你不妨也试试？

05
先说个故事，试试

要表达一个地方很穷，而且客观数据显示这个地区的饥饿率是20%，你会怎么说？现在这里有两种说法，第一种说法是：这个地区的经济水平大大影响了所住居民的生活水平，他们的饥饿率达到了惊人的20%。第二种说法是：讲一个孩子每天吃不饱饭的真实故事，并在结尾告诉大家，在这里像这样的孩子平均每五个里就会有一个。哪一个说法更打动你？

我想，大部分人会觉得第二种带来的冲击力更强。为什么？其实很简单：这是故事的力量。

柏拉图说："会说故事的人统治世界。"在沟通里，也可蹩脚地引述他的话："会说故事的人统治沟通。"

我们作为有感情的人类，都对故事有着天然的亲近感和好奇。一个好的故事，总能拨动我们内心深处最感性也最脆弱的部分，让我们在情感上无法抗拒。所以在沟通中，我们要把观点转化成故事，人们会抗拒听观点，但是听故事，人们会买票。

我有一个公开表达的小方法，就是每次公开发言，我都会讲一个和主题相关的故事作为开场，通常会把一个问题作为悬念留在故事的结尾，通过这个问题的解决方案引出后续的论述。因为在一对多的嘈杂环境中，故事能够在短时间内吸引大家的注意力，将目光集中到我身上，而讲完这个故事，就可以先共情了，并且在我接下来的叙述中，所有人都已经在情感上做好了准备，在接受程度上也已经做好了铺垫。下一步才是共识。

几年前，还是经纪人的我要在一个投资人年会上做一段演讲。当时我刚刚成立了自己的公司，需要在这场年会中获得投资人更多的认可。我没有在一开场就切入主题，而是讲了一个我的合伙人的故事。

我的合伙人已经在行业里做到了很高的位置，之前带的都是非常大牌的艺人。新公司成立以后，我们需要签一些有潜力的新人，她也亲力亲为。有一次，我们看中了一个非常优秀的年轻艺人。因为对方年纪太小，必须和他的父母签约，而他父母生活在比较闭塞的小城镇，从听说我们要培养他们的儿子成为演员开始就非常反对，坚定地认为我们是在有计划、有预谋地行骗，以至于决定让他们的儿子放弃北京的学业马上回家结婚生子。然而，我的合伙人在这种情况下仍没有丝毫犹豫，直接去了对方的家里。谁知道男孩的爸爸带着全族人一起跟她见面，在整个见面的过程里，他们甚至拒绝用普通话跟她交流，只是对男孩大呼小叫，以及轰她走。当时的阵仗很大，合伙人被吓得够呛，但是没有放弃。

当天晚上，男孩带着妈妈来安慰合伙人，妈妈讲起了自己也曾经有一个文艺的梦想，讲起了儿子小时候画画有多值得她骄傲，讲起了她多希望儿子凭自己的能力走出去见更大的世界……动情之处，两个女人都流下了眼泪。最后妈妈当场答应让男孩和我们签约，并且让合伙人带着他连夜离开了小城镇。

这是一个非典型故事，因为这么多年，有这样签约过程的艺人只有这一个。然而这又是一个跌宕起伏有张力的故事，其实我是想表达签约新人不是一件看起来特别容易的事情，即使如此，我们也一直在坚持，从来都没有放弃。如果我仅仅这样表达，投资人是无法感知我们工作中的难处的，所以我们需要故事。

在沟通尤其是公众表达中，我们需要在短时间内抓住大家的注意力，此时就必须有一个让更多人能接纳和进入我们节奏中的方式。我一般会选择讲故事。

我们所理解的沟通中的共情，绝非一种简单的情绪，而是一种情理。我们常常说要主动地把自己放到沟通对象的情理之中，从对方的角度去思考问题。很多时候，我们也需要主动把对方拉到我们的情理之中，让对方能够感同身受地体悟到我们的想法。故事恰好能够以强大的力量做到这一点。

开始做大码女装之后，我一直被问：为什么你选择做大码女装？我尝试过很多方式来解释自己的初衷，讲道理，说数据，分析大码女孩的着装现状，比如这个世界提供给瘦女孩被看见的机会很多，但是对大码女孩来说真的太少了，大码女孩太需要被看见。做大码女装，我希望能够让更多的大码女孩屏除审美的固定偏见，真正地自信起来。

最后，我发现能让大家了解我的初衷最有效的方式，还是故事。

有一天，我发了一条短视频，那是一条大码女孩模特的集结号，我表达了希望身边的大码女孩都能够勇敢地展现自己的想法。很快，那条视频下面就有非常多陌生女孩的留言，"我身高1.58米，140斤""我身高1.65米，150斤""我身高1.70米，160斤"，大家纷纷留言，把楼盖得很整齐。突然，我接到了一个朋友的微信,是一条转发,来自一个大码女孩自信满满的自我介绍:"我原来是空姐,说明形象好;能平衡好工作和生活,说明我情商高;我主动来争取这件事,说明我态度积极,请问能不能给我一个机会。"那天,我看到了那么多大码女孩,她们在现实生活中可能只是躲在自己的角落里,默默接受这个世界不公的评价。现在,我所做的这件事情,给了她们一个机会、一个出口、一个舞台,让她们可以有勇气站起来,说:"我很美,我需要被看见!"

道理,让我们看见事;而故事,则让我们看到人。共情,可以调动沟通中的温度,让我们能感受到情感,从而得到感动和抚慰。太多的时候,我们选择直白,渴望道理能够直击对方,却忘记了每个人内心深处那个最柔软的地方。一个人会因为觉得你说得很对,而选择同意你;但一个人只有在觉得我和你一样的时候,才会选择相信你。

道理,是让人同意的;而故事,是让人相信的。

06
如何面对别人的言论和伤害？

还在做经纪人的时候，不少年轻同行都会告诉我这样一件事：每当他们无法面对汹涌的人言，在各种被骂的声音中找不到北的时候，就会点开我的微博，刷到评论区，直到看见杨天真都被骂得那么惨，沮丧的心情突然就得到了释怀。

对于这件事，我想说，杨天真本人早就看开了。

因为性格的关系，我几乎从小就是人群中的焦点人物。在任何一个环境里，无论是班级、年级，还是学校，好像总是所有人都认识我。被大家讨论这件事情，是我的常态。也是因为从小就有这样的经历，所以我很早就明白，无论是陌生人还是亲近的人，一定都会对我们抱有态度，正面也好，负面也好，有人喜欢你，就会有人讨厌你。

如何面对别人对你的评价，或者说，如何面对在别人眼里的自己，我最简单的回答就是：这些言论根本不重要。

我能理解，负面的言论和骂声有可能会影响一个人，影响他的情绪、状态、成长、工作，甚至人生。如果不能放下，起码要让它变得越来越不重要。要想降低这些声音的负面影响，我想从三个维度来拆解这个问题：陌生人、认识的人、亲密的人。

首先来说陌生人。陌生人对自己的评价，我可能很早就已经克服了。这个维度看似体量最大，声势最唬人，但其实最好解决。回想写在开头的那个笑话，我们能发现一件事：这个世界上永远有人比你被骂得更惨。原因是什么呢？无非是有很多人的情绪找不到出口，需要宣泄，所以这种时候最不应该做的就是对号入座。将他们的言论和自己一一比对会浪费你的时间、精力和情绪，最后发现毫无用处。很多时候骂你的人单纯就是想骂人，骂的是不是你甚至并不重要，今天骂了你，明天又会去骂别人。你要是较真，岂不是给自己找不痛快。实在心里过不去，就来看看我的微博评论区，这个地方永远为你敞开。

第二个维度是认识的人。要拆解这个维度，我想先说一个故事。还在做经纪人的时候，我和一个很知名的艺人解约，身边所有的朋友都知道是我主动做了这个选择，但事情传到外面，就扭曲成我丢失了一个重要的客户。当然这是我工作中的常态，已经习惯了。突然有一天，一个朋友很生气地告诉我，她看见另一个相识但不相熟的朋友在一个群里添油加醋地说："你看杨天真总是觉得自己多厉害，还不是把这些人都丢了。"跟我讲述这件事情的朋友很生气，我很感激她。而那位要嘲讽我的认识的人，其实我也理解，因为每个人身上都有一个很难克服的东西，那就是人性，谁都逃不过。比如故事中的这个人，当她看见一个比她过得好的人突然有了情况或者出现差池，就会忍不住偷偷地开心，内心潜藏的意识是希望别人不如自己。我不是个特定对象，我只是个出现的状况。她也不是对我攻击，她是对自己人性的不释怀。

或许这么说起来有点太过悲观，事实就是只有我们把对他人的要求慢慢放低，不站在道德的制高点上要求别人的时候，我们自己才会好过。所以，下次再碰到认识的人对你口出恶言，或者背地里对你恶语相向，想想这三个问题：第一，他对我重要吗？第二，他说的问题，我是不是真的有；如果有，则要反思和改进。第三，他是不是没有控制住自己人性的黑暗面？如果不能忽略他，至少要让自己放松一些。

第三个维度是亲密的人。这一点我觉得时至今日我依旧克服不了。我所能做的,就是把这种伤害留给时间,努力地让自己把注意力移走。因为一旦我的目光聚集在那儿,就一定会有很多负面情绪扑面而来。即使我们已经非常懂得需要站在别人的立场和视角想问题,依然会有深深的疑问:明明我们有过那么多只属于彼此的共同经历,那么多旁人无法感受的共识,为什么你要这样对我?

在这样的逻辑链条里,每个人都一样。如果伤害和误解来自一个自己觉得很亲密的人、深爱的人、一个几乎和自己同等重要的人,我们都会难过,甚至没办法从里面走出来。我们要明白,这很正常,因为爱得深,所以伤害就会深。

小说《乱世佳人》里有一句非常经典的话:Tomorrow is another day。不同的人对此有不同的解读,曾经看过一种分析,认为这是一种心理防御上的措施。斯嘉丽其实是把苦难先埋了起来,但并没有解决这个问题,从心态上,她只是把问题丢给了明天,在未来,这个没有结局的问题依旧会被重启。

我已经属于很有勇气面对自己所有问题的人了,但不得不承认仍然会有一些无法面对和无法用情绪对撞的事情。归根结底,就是我们既无法面对,又不能放下。我的想法是:如果面对实在做不到的事,至少应该像斯嘉丽口中"明天又是新的一天"那样,暂时把它埋到土里,转移一下注意力,千万不要把自己困死在那里。

总有一天,你会突然明白其中的要义,突然放下,突然释怀,突然知道自己应该如何面对。这一天究竟什么时候到来,谁都不知道,但很少会有伤痛滞留整整一生。如果我们无法靠与对方的沟通去解决,也无法靠及时的自我沟通去解决,那我们就只能把它交给时间去解决,这也是唯一的办法。

面对陌生人的言论和伤害,我们需要知道他们不重要,或者至少尝试让他们不重要;面对认识的人的言论和伤害,我们要认识人性,降低自己的期待,让自己放松;而面对亲密的人的言论和伤害,我们还有时间。

07
别做情绪的绑匪,也别做情绪的囚徒

很少会有人真正被绑架过,但几乎每个人都经历过或大或小的情感绑架。

沟通中的情感绑架来自一种不平衡,一方用情感的方式把压力倾轧到另一方的身上,而被施压、被绑架的一方常常会因为自认为无法拒绝的理由不得不做一些不情愿的事。这个逻辑是一种貌似等价的交换,有句歌词唱得很到位:我拿青春赌明天,你用真情换此生。

几年前,一个男性朋友遭遇了人生的一大困境:离婚。他当时很苦恼,找我倾诉,说每次跟他太太吵架,太太都会跟他说:"我十六年的青春都给了你,你却要抛弃我,你怎么可以这么做?"而这句话所折射出来的正是他们婚姻中一个最残酷的现实:在婚姻中的他们已经同床异梦,同屋异语,无话可说了。当时我的第一反应是问他:"难道不是你们的十六年光阴给了彼此吗?"

情感绑架的核心通常看起来都冠冕堂皇,用付出、牺牲、期望、真心等似乎无可辩驳的理由作为筹码,然后站在高高的道德制高点上,向对方提出要求。这是一层迷障,要突破这样的迷障,不仅需要思考,更需要勇气。因为这些词语的光芒实在太耀眼,它们所处的位置实在太正确了,而对方的状态又实在太脆弱,太值得被同情和关怀了。

就是因为这样,我们才应该反过来,用同样的思路想想自己,把自己当回事儿,难道这样的逻辑在自己身上不成立吗?难道自己的牺牲和付出就不值得被看见吗?难道他们给我们的人生就是我们应该追求的吗?

回到这个男性朋友的例子。首先,婚姻是一种自愿的选择,当时的山盟海誓是两个人共同许下的承诺。如果觉得委屈,觉得不服,觉得不值,当初为什么要为难自己?自己不才是那个应该为自己的人生负责的人吗?所以,这十六年的青春,不是给了另一个人,最重要的是给了自己。其次,婚姻不是一种简单的付出和获得,而是两个人要一起去维持的一种关系,双方是平等的。没有任何一方需要和应该去做到"牺牲"。最后,我们不得不承认,婚姻中确实存在因经济实力或成长节奏而产生的"不平等",但是一定没有绝对的弱势方和受害方。假如没有任何出轨、欺骗、暴力或冷暴力、不赡养老人或家庭等原则上的过错,两个人最终的问题是出在了因成长过程的不同步而导致的无法交流和沟通上,那么十六年青春的说法就会让人无法正视真正的问题,也会自动把自己代入受害者的身份,不仅为难了对方,更重要的是实实在在地伤害了自己。

有关牺牲感,我在《令人心动的 offer》里特意讨论过。牺牲感给了付出行动的人以委屈,给了另一方以愧疚。但这两种情绪除了彼此折磨,没有任何意义。以上对情感绑架的分析很挑战人们约定俗成的认知,显得不近人情、冷冰冰的。所谓情感绑架,其实就是很复杂的偷换概念,把"自己""关系""责任"全部混淆在一起,使得情绪一团混乱。我们要厘清复杂关系,避免被情感绑架,就需要这样的冷静甚至冷血。

我身边有些同龄人选择闪婚,原因是家里的老人身体突然出现了状况,希望在临终之前可以见到孩子结婚生子。为了完成他们的心愿,这些朋友会去结婚,即使这并不是他们的人生计划。这样的做法错了吗?从某方面来说,大家都很努力了。

一个不想结婚的人为了完成家人的心愿找了一个人结婚,以为这是皆大欢喜,但故事过不了多久也许就会变成怨天尤人,甚至一生怨念。面对你爱的家人的请求,尤其是老人家的希望,你又能说"不"吗?这就是生命的羁绊,是我们每个人活在社会、家庭中,作为个体要去体会的爱恨情仇。整件事里,也许没有任何一个人是有错的。只是大家对事情的理解不同,老人家希望的是孩子们幸福,认为成家的人才是幸福的,所以你得成家。实际上,对不同的人而言,幸福的方式是不同的。有的人结婚生子,乐享一生安定;有的人就注定漂泊半生跌宕起伏,充满刺激和挑战才让他觉得幸福。

很多不理解是长时间的不沟通造成的,有时候努力沟通无果后就放弃了,因为人的观点形成都有自己的时代特征,也有环境属性,要真正做到感同身受是不可能的。当然这是一个非常个人的选择,每个人都有只属于自己的特殊背景和缘由,我没有任何资格和权利给出任何建议。于我来讲,我不会为了任何人,曲解自己的意志。这很自私,也很决绝,我会想尽一切办法让我的亲人、朋友理解我,但是绝对不会为了满足其他任何人的想法而改变自己的想法。因为他们的最终目的是希望我幸福,但是我幸福的方式,是由我自己定义的。如果他们的目的只是操控我,那我就更没有必要满足了。所以,我自己想清楚了目的和手段，基本上就不受这些事情的困扰了。我会真诚地花时间去交流，获取理解，但决不妥协。

情感绑架之所以会让人不知所措，不是因为恶意，恰恰是因为善意。因为是付出，所以我们得补偿；因为是期盼，所以我们得满足；因为是为我们好，所以我们得接受……最终，还是那句话，反过来想想，把别人当回事儿，也要把自己当回事儿。面对付出，我们也付出过；面对期盼，我们也有自己的期盼；面对为我们的好，只有我们自己才明白自己想要什么样的人生。

不是因为冰冷，所以选择抵抗。恰恰相反，我们是因为温度、因为爱而选择了不同的理解方式。因为我们知道，如果真的被绑架了，最终受伤害的除了自己，还有那些爱着我们的人。我们不想伤害自己，更不想让爱着我们的人因为我们的选择而遭受痛苦。

小作业：

还记得本章第 3 节"'对不起'应该怎么说？"结尾我提出的需要道歉的三个场景吗？

第一个场景："双十一"期间，你因为晚上血拼到深夜导致第二天严重迟到，你进大门时刚巧被老板撞个正着，随即被叫到了办公室里。你该如何道歉？

第二个场景：和伴侣发生争论，你突然没有控制住自己，爆了粗口。你该如何道歉？

第三个场景：客户要的工作成果，你因为对方的众多要求没有完成，今天就是截止日期，你却拿不出东西。你应该如何道歉？

可以扫本书封底二维码关注"壹起天真"公众号，在消息栏发送"共情"，你会收到我的建议。

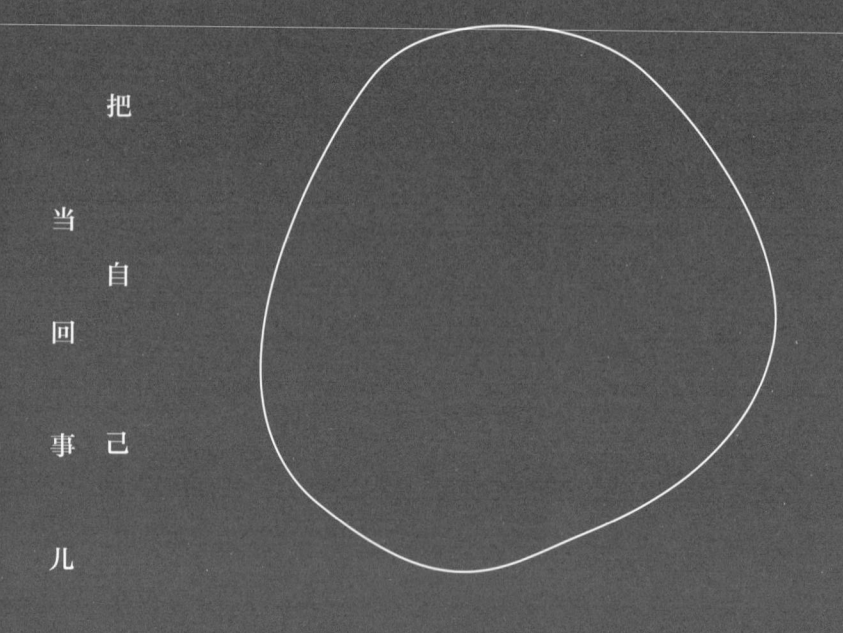

把自己当回事儿

5

不是"我和你",是"我们"

01
别让"对错"毁掉沟通

一次商务合作临近尾声时,关于最终文案的拟定却出现了分歧。一方是我团队的小伙伴,另一方是客户也就是甲方。几轮沟通都没能达成一致,快到结项日期,分别来自双方的两句话猛然点醒了我,让我对沟通中的共识多了一些不同的体会。这两句像闪电一样的话是什么呢?

先说我的同事,她问我:"天真姐,我要怎样才能让客户知道我们是对的?"这个问题很有意思。在当下的工作中,我发现,对错这个思路在三个方面困扰着她。

第一,对错的思路造成了封闭的判断。因为当你觉得自己是正确的时候，就会在潜意识里断定对方是错的。试想，谁愿意成为错的那一方？更何况对方是甲方。当我们在沟通中希望说服对方的时候，往往会进入这样的误区，那就是我们总以为自己是对的，而且希望通过各种方式让对方看到我们的正确之处。事实是我们越说，分歧就越多。

第二，对错的思路源于信息量的不对称。甲方给出了很多修改意见，这些意见都建立在对方的经验之上，但是团队的小伙伴缺乏相关领域的知识积累，容易陷入自己正确的思维中，从而忽略了对方真正的意图。信息量的不对称，会导致双方在对错的判断上南辕北辙。

第三，对错的思路阻止了更多的可能性。对错是一个极端概念，但在沟通的过程中，极端是很少出现的。A方案和B方案可能只是70分和90分的区别，但对错是0和100。如果太执着于对错，就很难看到另一方的可取之处，也就本能地关闭了更多的空间和可能性。

所以，最后我给同事的建议是，首先，不要让对方觉得你是对的，而要让对方觉得你们是一样的。多给对方建议，少给对方意见。其次，恶补与方案相关的行业知识，尽量在短时间内缩短由于信息不对称引起的认知差距。最后，将方案的细节进行反复比对，用进步和运动的观点来做梳理和确认。

另一边，我们来说说甲方。甲方告诉我："你们改了好多遍，添加的内容没有一个是我想要的，删掉的地方又全部是我想保留的。"这句话，也特别有意思。我们分开来看看。

首先，甲方的意思是我们全部做了无用功吗？当然不是。我的判断是我们没有解决对方的核心需求，而在核心需求没有被解决的时候，其他努力就容易被忽视和否定。所以我问了对方一个问题："什么是您一定要的？"对方总不能告诉我什么都不许动、什么都不能改吧。这指向的是最关键的信息：对方的核心需求。唯物辩证法有一个很牛的洞见，那就是抓主要矛盾。沟通也一样：抓核心需求。核心需求解决了，其他改动就会变得容易。

其次，因为我们在之前的沟通中，一直在用对错制造对立面，对方就会下意识地反弹，认为我们和他们不一样，所以会有防守动作。而我处理的方式是不断告诉对方我们的方向是一致的，但是到达一致的终点会有不同的路径，现在我们需要做的就是找到这条统一的路。这样一来，在目标上，我们是一致的；在方法上，就获得了更大的改动空间，不会像原来一样，做什么都是错的。

最后，不是每个沟通者都清晰地知道自己要什么。出发的时候，我们只有一个大体的方向，而具体的目标和方法会在沟通中经过不断地磨合和商榷，逐渐清晰。在沟通的过程中，我会不断地询问对方的需求，并把需求切割成非常具体的点："这一段内容，希望强势还是温柔？""文案的结尾是需要确定感，还是延伸感？""开头是讲一个故事，还是放一组数据？"让对方的需求逐渐细化和具象化，并在一个个细节上得到明确。当我们的处理方式和对方的预设越来越相同的时候，沟通的信任感就会建立起来。人嘛，总是更喜欢和自己像的东西。

以上是一个协调双方沟通的例子，我们可以看到，在沟通的过程中，对与错的预设是一种多么可怕的状态。它就像是一扇大大的防盗门，猛地一关，沟通的渠道就会迅速被阻断。究其原因，是对与错在世界的两端，它们之间的距离实在是太长了，没有任何沟通高手能够穿过如此遥远的距离与另一端对话。相反，如果我们能够在沟通中和对方站在一起，不断强化共识，那么就像是隔壁邻居家的状态，我们开开门，顺手就能敲到对方的门，这样说起话来既轻松，又有亲切感。

想想，我们多少次遇见邻居亲切的笑容，而宇宙的另一端，到底住着什么样的外星人，到现在我们都还不知道。

02
为了达成共识，该如何拆解目标？

回顾过往的工作经历，曾遇到过这样一个难题。那时候，我们的艺人拍了一期顶尖杂志的封面，方案做得非常有创意，整个概念加上艺人的影响力和表现，我们判断这将是一张不仅具有时下轰动性，并且有可能在未来同样具备影响力的封面。但横亘在我们面前的是一个看起来几乎解决不了的难题：在整张封面图的下方，应杂志广告客户的要求，必须加上一句广告语。效果图很明显地说明了事实，这句广告语将严重地破坏封面方案的效果。

问题来了，我们如何让这条广告语消失呢？这肯定是一场检验功力的艰难谈判。

我们整个团队先分析了其中的难度。首先，广告商是杂志的赞助方，且已经签了合约，具有绝对的话语权。没有广告商的点头，我们谁说话都不算数。其次，负责任地讲，杂志封面有广告语是杂志界的普遍现象，且这次封面上的广告语并不算过分。最后，我们尝试了各种字体及设计，效果都不理想。要想达到我们对这张封面的美学和价值期待，唯一的可能性就是撤掉它。

要达成艰难谈判中的最终目标，就要努力促成共识。 而共识不是一个扁平或单一的概念，我们需要以最终目标为方向，拆解困境，从不同维度先一步达成阶段性的共识，从而最终将结果导向最大的共识。

我们拆解出来的第一个维度是：时间。

我花了很多精力了解到这本杂志的主编是一位极在意艺术性的文人。我找准时机向他表明了我们的判断：这个封面非常特别，一定会成为一个经典。接着，我问了他一个很重要的问题："如果我们十年以后再翻看这期封面，你还会认为加上这则广告语是一个正确的决定吗？"我想告诉他：这个广告，现在看起来很重要，如果十年以后再看，我们一定会觉得不舒服，因为它破坏了对这张经典封面的诉求。主编对此很认同，所以与杂志团队的共识，就通过拉长时间维度的方式达成了。

通过沟通，主编明确了我们目标的一致性，我们是为了共同保护封面的艺术生命和价值，而不是单纯站在艺人角度只考虑自己。在拆解目标的过程中，我们要理解对方的诉求和期待，而不能只按照自己的想法要求别人。

时间是一个很有用的工具。很多时候我们无法达成共识，是因为我们都被困在了当下的这一刻，而无法用更长远的目光看待眼前的事物。但凡我们能够跳出时间的框架，就能对自己的诉求有不同角度的认知，从而更加准确地理清当下的现状，大多数时候，我们都会有不同的答案。要解决当下的工作分歧，拉长时间战线，是一个非常有建设性的做法。

我们拆解出来的第二个维度是：同行的惯例。

要从根本上解决目前的难题，只得到杂志的认可还不够，我们最重要的是得到广告商的同意。于是我们费了一些力气，在力所能及的范围内找到了一些可供借鉴的、有影响力的同水准杂志封面，通过这些封面展现了一本优质杂志和优质广告所拥有的美学态度。广告商的立场开始有些松动了。

横向的比较可以为共识的达成提供一个坐标。我们通常无法立即达成共识的原因是害怕，没有人愿意做出头鸟。有了之前的例子，沟通者就会明白，自己不是异想天开，这件事早就有人做了，这就会给对方带来无形的安全感，而进阶层面我们只需要在这个基础上做到比别人更好。

我们拆解出的第三个维度是：解决方案。

经过反复研究，我们提出：封面外可以做一个透明的封皮，独立存在。杂志上市的时候，广告词是印在封皮上的，每一个购买杂志的人都会看到。如果你买回家想把外面的这层取下来，就可以拥有一个干净的封面。广告商看到这样的做法既没有影响广告宣传的目的，同时又可以成就一期经典的封面，自然就答应了。

解决方案的提出是达成共识的关键步骤。无论沟通双方在思路和想法上有多契合，没有具体的执行方案，一切都是空谈。要达成共识，就一定要给对方能够促成共识的可行性方案，推对方一把。解决方案的产生是之前思路到位的结果，要达到共识，就需要从最终目标出发，判断形势，分析局面，统筹资源，从而真正地给出下一步的具体做法。在这个维度上，共识才能真正落地。

一期杂志封面上的广告语，我们为达成共识总计拉开了三个维度：十年后的时间维度、具有参考价值的同行业维度，以及具体可行的解决方案维度。这三个维度像是三个切口，一个一个地撕开，我们最终实现了所有人共同的期待。

面对当下的共识困境，我们需要拓宽思路，从多维度、多方面、多时空来拆解目标，力图将当下不可能达成的共识拆解成一个个可以达成的小共识，而一个个小共识的累积，则会让大共识真正落地，成为可能。

03
多方混战，如何平衡局面？

一个和尚挑水喝，两个和尚抬水喝，三个和尚没水喝。这句古老的谚语告诉我们，沟通的参与者越多，共识的达成可能就越艰难。不妨仔细体会一下。

多方混战是沟通中的难题，因为通常不同的沟通阵营都会有各自的诉求，我们非常容易陷入多方的泥沼中，而且很多矛盾似乎都不可调和，以至于沟通崩溃。要掌控多方混战中的沟通，就需要去平衡各方，在这里，我们就来谈谈怎么在多方混战中掌控全场。具体的案例总会千差万别，但藏在深处的逻辑总是万变不离其宗，我就以曾经合作的一位艺人开演唱会作为例子来具体说明。

多方混战中的沟通可以分三步走：

第一步，我们需要梳理各方的诉求，准确地了解每一个沟通者背后想要的是什么。

演唱会的运营是一个非常复杂的项目，其中涉及的方面和团队都特别多。艺人、经纪公司、唱片公司、导演团队、粉丝群体、媒体平台、商务品牌……不同的沟通阵营都有各自的诉求。艺人是演唱会的主体和核心，主要诉求是尽可能好地呈现自己的专业技能。导演团队需要对内容的呈现效果负责。对于这两方而言，他们需要不断地对内容提要求，最大限度保证舞台整体效果，就某种程度而言，资金、资源及观众越多越好。唱片公司是为艺人的音乐事业负责的专业公司，在内容上需要平衡艺人的音乐主张和市场需求，在经营上更需要平衡成本与收入。而经纪公司则更多地代表着艺人的整体职业规划，要为单个项目的时间、精力、经费的投入产出比负责，更要考虑其综合及长期的发展和权益，因此和艺人既有统一的诉求，又有各自不同的立场。粉丝是整个演唱会项目最重要的受众，是内容传达的接收者，也是购票人；是被服务者，同时也是更广义上的传播渠道，因此在各个环节的设置中都需要考虑粉丝的感受。

第二步，拆解关键目标，从各方诉求出发，逐一平衡。

演唱会规模是项目统筹中的一个非常关键的问题，选择在哪个城市举办，选择多少座位的场地，要开多少场……这与演唱会的所有参与者都有关，但大家的诉求并不是完全一致的。就艺人而言，主观上，他肯定是希望观众越多越好，但是客观上，无论是其音乐本身的风格，还是自身的体力和精力，甚至档期的安排，都会成为制约因素。于唱片公司而言，从成本上讲，一个舞台的成本是固定的，场次开得越多，单场可分摊的成本就越低。但根据档期可选择的场地及场次、市场整体购买率等因素，最终都会影响整场演唱会的效果，也都需要进行平衡。同时场次越多，面临的不确定因素也就越多，尤其是对于一个艺人的首次演唱会，不确定因素很多，风险指数也会随之上升。于粉丝而言，喜欢的艺人开演唱会，当然是希望自己能够尽可能地参与其中，但是自身的地域限制、经济实力、时间匹配等都会影响实际的出席。

我们可以看出，仅一个场次的问题，就涉及三方，有这么多的诉求需要被看到、被解决。所以，当时的实际情况是，经过几轮的沟通和考量，我们最后确定首次巡回举办三场，地点分别是北京、上海、广州。这是各方彼此妥协、彼此理解，也是彼此坚持与争取的结果。这个决定包含了以下两方面的权衡。

首先，于艺人所付出的彩排时间和实际可给音乐项目的档期安排、演唱会投入实际资金与资源而言，三场可以较好地做到平衡；其次，于市场实际的消费力和项目的影响力而言，通过集中在一线城市的首轮演出，可以调研出一个大概的实际结果，方便之后判断是否需要开启第二轮，日后是否可以去更多的城市，或者在同一个城市多开几场。

这样的场次安排看起来是一个比较完美的结果，但其实对于喜欢这个艺人的粉丝而言，也不可能做到让所有人满意，总有粉丝因为时间、地点、票价等各种制约因素无法参与。因此我们又再做了两个方面的补充：首先，我们在当时首创了 VR 演唱会，让到不了现场的粉丝可以在线参与到艺人的演唱会中；其次，我们升级了粉丝福利，把演唱会的参与方式升级成了一个可选择的限量体验套餐，比如我们给粉丝布置了专属的酒店和巴士，提前开放彩排的专属时间……这些做法的第一要务是照顾到粉丝群体的诉求，而且客观上，也创新了粉丝的互动方式。

第三步，我们需要精准地定位总体目标的调性，这样各方才能在这个大的方向上明确自己的义务和收获，从而把力气使到一块儿去。

在演唱会运营的过程中，有非常多的问题需要协调，这也就意味着不是每个问题都能皆大欢喜。好在最后我们各方达成了一致，演唱会将作为一个以内容传播为主要诉求的巨大的品宣工作。如此一来，演唱会的整体收入就不是项目的最高衡量标准，我们不仅可以集中精力在保证演唱会的效果和内容上，还尽可能多地拓宽宣传渠道及合作模式，并尽量延长演唱会的影响力效能，为之后音乐及由音乐带动的艺人整体发展打好基础。

共同目标的精准定位，让我们把演唱会作为一条长线而非单独一个项目来做。这样，各方的权益和各方的条件就都可以达到一个平衡。

当然，必须承认，现实生活中并不会有一场大型的演唱会需要我们每个人都去操盘，但是所有的工作都离不开和人的沟通，也不可避免地会出现多方共存的局面。从这个角度来看，人生又何尝不是一场大型的演唱会，协调各方，平衡全局，找到最适合自己的定位，唱出自己的那一首歌。

多方混战是沟通中的常态，不论是在家庭中，还是在职场上。以上所说到的三步能够帮助我们在混乱中找到线索，我们需要谨记：背后的诉求是起点，各方的平衡要通过拆解关键目标达成，而最终的合力则需要主基调的搭建。

这样，无论多少个和尚，都会有水喝了。

04
我们是一边的

有一次,我在微信上通过了一个好友请求,对方表示是从我的一位亲戚处得到了我的微信号,且已经答应他可以帮忙安排和一个艺人见面。这个情况并不好处理:如果直接回绝,亲戚的面子会受到很大伤害;如果按照他的请求操作,又违背了我的专业。

面对当时的情况,我的做法就是礼貌并且直接地回绝对方:"非常抱歉,我这边安排不了,请见谅。"关于直接在沟通中的重要性,我们之前已经做过了非常详细的论述,在这里就不再赘述了。这件事情的重点在于我拒绝了这位朋友的请求之后,我和亲戚之间的沟通。

显然,在这件事情上,我需要建立的是和家人之间的共识。换位想想看,家里的晚辈有这方面的资源,自己拿来用一用,是人之常情。但从我的角度出发,这件事情远没有这么简单。和家人之间的沟通有时候是最需要分寸的,如果我们仅仅是抱怨或者责怪,肯定会伤害家人之间的感情。如果不说,这样的麻烦势必会越来越多,无形中给工作带来很大困扰和影响。仔细思考之后,我认为问题的关键是要和家人达成一个共识:我们是一边的。

我先礼貌地询问亲戚:"如果以后您要把我的微信推给别人,能不能先和我商量一下?"紧接着,我告诉亲戚:"这个请求违背了我的专业度,所以安排不了。我们之后能不能打一个配合,提前商量好怎么处理,这样既不会伤到您的面子,又可以比较好地处理这件事情。"亲戚在听完我的这番话之后,立马就表示了理解。

我们是一边的,这是一个既理性又感性的共识。 感性上,它能让沟通的双方在情感上产生共鸣,彼此能够相互依靠和协助。理性上,它能够让我们从彼此共同的利益点出发,为解决问题努力寻求最优的方案。

让沟通的双方都明确地知道我们是一边的,就能将沟通当

中的多方转换成简单的两方：我们和他们。以此为起点来进行沟通，常常能够将复杂的问题简化，从而为达成诉求提供更便捷的路径。

再举一个例子。有一次，我们的一个艺人正在拍摄一则广告，拍摄团队对艺人在片中呈现出的表情精准度有着近乎偏执的高要求，这让艺人在将近二十条的拍摄之后还一直处在 NG（NOT GOOD，即再来一次）状态。眼看拍摄的时长马上就要超出预期，两方的状态都跌到了谷底。一方面，艺人不明白为什么自己的表情管理总是达不到对方的要求，并且身体已经陷入了极度的疲惫，再拍下去似乎只能越来越差。另一方面，拍摄团队始终找不到他们想要的感觉，想在不断重复中拍摄出理想的成片，这是一个非常焦灼的场面。我们作为中间的沟通者，有两个亟待解决的诉求：一、平衡双方的心态，让拍摄的过程不至于陷入僵局；二、让拍摄能够在最短时间内完成，艺人可以早点休息，拍摄团队也能拿到他们想要的成果。

这个时候，"我们是一边的"就能派上最大的用场。对于艺人，我们不仅要在情感上安抚，并且要让他明白我们是可以信赖、可以依靠的，这件事情会由我们"自家人"出面去协调和解决，一定会为他争取到最快最好的解决方法。对于拍摄团队，我们需要和他们达成一个共识，那就是我们希望和他们一起把这个片子拍好,我们会不断明确对方的需求,并且让对方知道拍摄如果超期会遇到的问题。

最后,我们所争取到的是一个具体的拍摄数字:三条。不过拍摄的前提是,无论最终是否达到拍摄团队的要求,这次的拍摄都必须结束。艺人在知道了拍摄的上限之后调动了最大的努力来配合,而拍摄团队也在明确了自身的诉求和面对不能超时的压力之下拿到了自己想要的片子。

要强调的是,这种沟通方式常常会被误解为拉帮结派,或者阳奉阴违的两面派行为。如果你要用"我们是一边的"去损害某一方的利益,或者欺骗某一方,那就不是我们在这里鼓励的共识。我们所倡导的是用这样的共识去构建一个目标和利益的共同体,在这个共同体中,每个人的利益都能够得到最大化的实现,同时,不会有哪一方的利益会在这个共同体中被忽视,甚至牺牲。

"我们是一边的"是沟通者一起搭建的一个共同出发的起点。只有沟通的各方都能够稳稳地将下一步的举动立足于共同的根基之上,所有的举措才能拥有最大的合力。

05
不是"都是为你好",而是"都是为我们好"

"那你直接开除我吧!"

这句话听起来是不是很刺激?它发生在之前我和一个员工的对话当中。不得不说,那一场谈话的目的确实是让这个员工能够意识到她已经不适合我的团队,是一场离职谈话。但是我非常不喜欢"开除"这个词,因为这个词体现的是一种单方面的价值碾轧。就好像公司是一个有标准设置的机器,而员工只要脱轨或者不符合一些要求就会被清理出去,这和我一直强调的"以人为本"的基本理念是背道而驰的。

每一场离职都会有非常具体的原因,于我而言,也一定会有一些必须作为底线的共性的价值观因素。比如在团队合作中，是强调自己的付出更多还是整体工作的结果更多，这一点非常重要。因为很多时候我们都处于整体协作的状态，是共同的战友，如果只强调自己而忽视对全局的配合，眼睁睁看着问题出现，这是坚决不可以接受的。再比如当问题出现的时候，是否可以及时做好反思和复盘，而不是急于把问题推到别人身上。工作中的错误不可避免，可怕的也不是犯错，而是错误背后折射出的一个人的心态。

无论如何，离职谈话都属于职场沟通中的艰难部分。我脾气不好，但我总是希望能够通过沟通让员工自己意识到离开团队的理由，而不是大手一挥，让他们收拾东西走人。这不是伪善，而是我认为好的沟通应该帮助他人解决问题，而不是制造问题。离职谈话多了，我自己总结了一套可行的方法。

第一步，我会和他一起来分析目前的情况。我会让他自己选择我的语气，到底是温柔委婉一些，还是直接尖锐一些，这一点，我们在之前预期管理的部分已经做过讨论。内容方面，我会让他对目前自身的工作做一些总结。

第二步，我会帮他找寻人生的目标，拉开时间的维度，帮他梳理出人生目标。这样的目标定位能帮助他更加准确地分析面临的状况，现在的工作及现在的状态到底和他的人生目标之间是什么关系。是同一方向，还是背道而驰？

第三步，我希望和对方达成一些基本的共识，比如时间管理、价值排序、人生意义这样大的方向。我会提醒对方应该节约时间，调整工作内容，否则对大家而言都是一种消耗。继续这样下去，团队会因为他而无法顺畅地完成任务，而他也会距离自己的人生目标越来越远。

第四步，我会给出我的建议。经过前三个步骤，我们之间的结论会很清晰，甚至这个结论都不需要我提出来。我会直接给对方建议："你现在应该去换工作。如果你自己做不了这个决定的话，我就替你做这个决定。"因为通过我们共同的梳理和分析，这个决定对双方在当下阶段都是一个最好的选择。

当然，这四步不是一个程序化的流程，不是说按着这个步骤走就一定会有一个体面且高效的劝退谈话，不同的沟通对象会使得一场坦诚交流呈现出截然不同的效果。这四步中所包含的关于共识的思考是我想拿出来讨论的内容。

我们在谈话中，常常会从自己的角度出发，单纯地给出自己的意见，然后理所当然地认为这样的意见对沟通对象也是更好的选项，强迫对方去做出我们所建议的选择。公司要劝退一个人，常常会说："都是为你好，现在的决定会更适合你今后的发展。"家长要你穿秋裤，就会说："都是为你好，如果不穿秋裤你就会感冒，影响工作和学习。"情侣要分手，其中一个人会说:"都是为你好,这样下去我们不会有好的结局。"

面对"都是为你好",我们最常问的一个问题就是:"你怎么知道什么是为我好呢?"这有点像"子非鱼,安知鱼之乐"的困局。一个人是永远都无法完全了解另一个人的处境和想法的,每个人之间总会存在认知、感受、表达等间隙,而且不可能被"都是为你好"填满。

我们永远都无法从单一一方的立场和判断中找到共识的所在,向来都是要从双方共同提供的内容和立场中找到共识,因为形成共识的基础来自两个人共同的坦诚、共同的思考和共同的表达。这就决定了在沟通过程中,需要双方都参与其中,而不是一厢情愿地炫耀自己的理解能力和冒犯别人的意愿。

只有当双方都发现共识的结果是一种共存和共赢时,才会更加自信和踏实地继续共同前行,因为双方都知道选择合作是更好的出路。也只有当双方都清楚地认知到共识的结果是一种差距和裂痕的时候,才会心甘情愿地分开,因为离开才是更好的结果。

"都是为你好"是一种缺乏共识的认知偏差。一个人能相信这样的思维方式,甚至运用这样的说法来进行沟通,就说明他还不知道共识的意义。**真正的共识一定是双方互动沟通之后的结果,也就是说,起点和终点是双方都同意的,因而达成的不是"都是为你好",而是"都是为我们好"。**

06
共识，是一种相互的淘汰

我们说了很多人际沟通中的共识，认识到了共识这个概念的强大力量。在这里，我想聊一下在大众传播领域中作为心理机制的共识。

先从我的硕士毕业论文说起，我的选题内容中的一个要素是讨论偶像。从人类发展史的角度，研究人类为什么需要偶像以及什么是偶像的影响力。为了写好论文，我做了很多相关方面的阅读和研究，一个很大的收获是推翻了自己曾经非常笃定的一个结论。

以前我们团队有一个口号：影响影响力。我们认为，作为偶像的明星艺人是可以去影响自己的粉丝，从而改变他们的价值观和行为方法论的。如果偶像的品行端正，那么粉丝也会受到正向影响。随着研究的深入，我发现之前的这个想法有些太过于一厢情愿了。

现实会复杂得多。

不同的群体会有不同的偶像选择，而且这种选择上的不同在互联网时代会越来越细分、越来越深。一个粉丝喜欢一个偶像，心态大致可以被总结为两种：要么是我想占有你，要么是我要成为你。不管是哪一种，前提都是他认同了这个偶像，彼此的底层逻辑是一致的。讲直接一点，偶像对粉丝能够传递影响力，是因为粉丝认为偶像和他是一样的人。在这个基础上，粉丝会觉得偶像做的事情是对的，因此会有模仿和学习的可能。如果偶像做的事情背离了这个底层逻辑盘，那么粉丝就很有可能离开。

单点的个人是这样，如果我们把偶像和粉丝都看成群体，这个结果只会是更加肯定。偶像个体去改变粉丝群体的想法是单点达成的事情，不可能在群体上实现。如果我们用共识去理解，那就是在行为上，可以达成某种程度上的共识，但是深层的共识很难从偶像这个层面去转化和改变。粉丝对偶像的热爱更多的是建立在自己的想象空间上，当完美的想象和现实相遇，幻象的泡沫就会破灭，这样的粉转路甚至粉转黑的行为并不少见。

这同时也解释了偶像转型的本质，转型就是一次基于共识的粉丝洗牌。因为偶像原先的风格而喜欢他的粉丝可能会因为转型而选择离开，反过来说，转型的目的也是为了吸引新的受众，而这种吸引的基础也是建立在新风格的共识上。举一个很简单的例子，一些女艺人从青春美少女转型为热辣的性感风，原本的粉丝会因为这个转型而选择再也不喜欢她，但新的粉丝会因为新的风格而加入到阵营中来。这是一个互相淘汰的过程。

理解了这一点，我就会意识到：影响影响力可能存在误区。它建立在我自己对这个世界美好想象的基础上，但并不是一个实际可行的事情。我们可以在某种程度上影响艺人、影响客户，但想通过影响力而影响大众这件事，是要打问号的。用自己的发现去打自己的脸，这不但不丢脸，反倒是一件令人开心的事。因为它让我在之后去理解和运用共识的时候，更加具备自信和底气。

现在我开始做大码女装，我有两个选择，卖那些大码女孩一定会穿但在我眼里不好看的衣服，或者卖那些我觉得好看但很多人没有尝试过的衣服。这世界上已经有很多供大码女孩"穿得下"的衣服——要么是黑色的，要么就是卫衣，把自己藏起来，让大家看不到。当大码女孩想要浪漫，想要性感，甚至想要色彩缤纷一点时，选择却很少。于是，我选了后者，那些需要被解释甚至被推动的产品。

本质上，这是一个社会痛点，大码女孩应该怎样通过穿搭表达自己？大码女孩可以穿鲜艳的衣服吗？可以穿性感的衣服吗？会被攻击吗？面对攻击怎么办？其实这是一个共识问题。我的大码女装设计甚至受到一些大码女孩的质疑，她们认为有些款式不实用，性感或鲜艳并不是她们的需求。

从共识的角度上来说，她们在质疑我们的态度，其实我也在挑战她们。我认为用户在选择产品的同时，产品也在选择用户。产品其实就是一个介质，我很清楚我的衣服将去向何处：我并不想卖给那些只想把自己藏起来的人，而是想卖给那些想把自己展示出来的人。

关于我的品牌，有句话很重要：把自己当回事儿。我就是要找到那些把自己当回事儿的人，因为只有当你有这样的态度时，你才会明白这里的女装和其他女装是一样的，它也需要讲究设计，讲究面料，讲究工艺。只有你在乎，我所追求的价值才有意义。产品，就是我们关于消费、关于美、关于自我的共识。

我不会去说服一个用户做她不想做的事情，但我会提供她尝试的方案和可能性。这个共识的过程会让一些人不接受我们的产品，对她们来讲，我们是被淘汰的品牌。没关系，她们，也是被我们淘汰的用户。

共识的过程，其实也是个互相淘汰的过程。

在直播间带货的时候，我会鼓励大家尝试一些没有用过的产品，体验新的消费方式和生活方式，但不会强行"洗脑"。我不会说我倡导的这种风格是对的，是美的，是你必须拥有的。对于有些人来讲，她此生都不会穿这样的衣服，她永远不会去尝试这种可能性。我们彼此之间没有共识的基础。

共识，不仅是在人际沟通中找到可以继续往下走的共同点，同时，它也是一个非常基本的心理机制。我们每个人都有自己坚信不疑的东西，要挑战这些底层的共识，往往不是一次小修小补能够撼动的，而是需要一场观念的地震。

共识，往大了说，是一种相互的淘汰，同时，它又是一次相互的挑选。明白了这一点，我们就会非常坦然：离开的人注定会离开，而会回来的人也一定会再相逢。

小作业：

回忆上一次或者当下正在酝酿的辞职，拆解原因，找出与公司的共识，做出正确选择。

可以扫本书封底二维码关注"壹起天真"公众号，在消息栏发送"共识"，你会收到我建议的思考路径。

把自己当回事儿

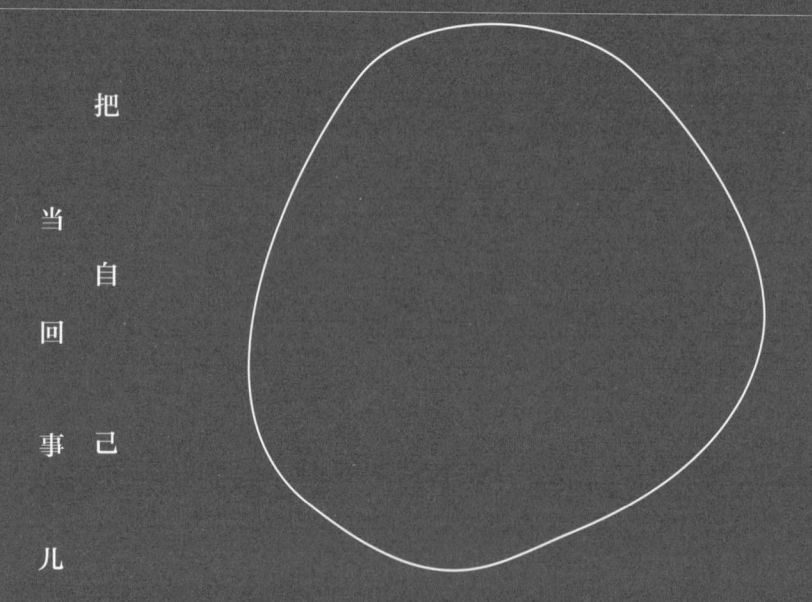

6

找到你自己

01
只有感受,不叫成长

每天晚上睡觉前,我都会把手机上所有的聊天记录重新翻看一遍,检查是否有遗漏的信息和工作,更重要的是我希望用这种方式和自己进行一场沟通,复盘自己的一天:今天说过的话是否合适或者准确?今天都做了哪些决定,为什么要这么做?自己对当时的决策是否满意,是情绪猛然占了上风,还是经过了理性且客观的分析?如果换一个思路,会不会有全然不同的结果?今天发生的所有事是否会后悔或遗憾?如果有机会可以重来,是否还会做出同样的抉择?

假如我发现今天拉黑了一个人,一定会问自己到底是被情绪支配,还是背后有什么其他的决策逻辑。这一点,一定要梳理出来。如果只是当下的气愤,且我也在乎这个人,就会把他加回来:"对不起,我当时可能情绪冲动了。"如果发现我原本就不想和这个人成为朋友,就会坦然面对,没必要再自我纠结。

通常意义上我们谈自我沟通,表达只是沟通的一个方面,更重要的是需要持续不断地关照自我的情绪和想法,并通过这种日常的复盘不断累积,让自己拥有一个与自我对话的通道,从而养成与自我沟通的习惯。

经过碰撞,我们才了解自己是谁。这是我一直强调的一个观点。它其实还有下半句:不是碰撞就结束了,而是碰撞之后还要思考。撞完之后,可能会有两种情况,一种是你清楚地知道自己受不了,知道自己疼在哪儿,在哪儿摔倒的,下次该如何避免;另一种是碰撞让你发现了新的机会,认识到了自己耐受力的临界点,下次还可以更勇敢地去撞出新的火花。

通过这样的自我沟通和自我审视,可以判断出两条不同的行动线。第一条行动线是进攻,你可以去做很多事情,跟很多人交往,谈恋爱也好,努力工作也好,甚至有时候会去挑战你的上司,挑战很多你以前从未做过甚至从未想过的事情。而另一条行动线叫作反思,你会总结自己不对的地方、不应该再犯的错误,以及不可以再重演的伤害。

在自我沟通的过程中，我们需要明白一个非常重要的道理：只有感受，人是不会成长的。因为当下的感受一定是清晰和明确的，如果只是知道我舒服了、我爽了、我疼了，然后就没有然后了，那这一切就都没有价值。

成长需要一系列完整的步骤：你经历过疼痛，从而知道了背后的原因，也知道了什么才是自己真正想要的，最后明白了在想要和得到中间需要如何做到。缺少了任何一步，都不是真正的成长。现实情况往往是，首先，大部分人可能连去碰撞的勇气都没有。其次，碰撞完了，太多人就停留在了原地，没能好好地感受。最后，即使碰撞了、感受了，也还有很多人意识不到要理性地去分析。

关于自我沟通，我一直还有一个比较重要的观点：**一个人是什么样的人，是由他选择的结果决定的，不是由他的初心决定的。**我们都太过善于表达：我是这样的人，我是那样的人，但"这样的人"和"那样的人"往往做出了截然不同的事情。相比语言，只有在关键时刻的关键决策，才能真正表达你的样子。这是个非常有趣的规律。往往在遇到重大挫折或者产生激烈情绪的时候，我们才会加深这种思考。因为人只有在极端情况下，才真正知道自己为什么会这样做。

我们每个人都会对自己做很多本能的修饰，一方面是修饰给别人看的，另一方面是修饰给自己看的。很多心理测试都得出过一个相近的结果：在别人眼中的自己和在自己眼中的自己永远存在巨大落差，几乎无法达成一致。与此同时，当我们把维度进一步打开，你眼中的自己和真实的自己、别人眼中的你和真实的你、别人眼中真实的你和你眼中真实的自己，这几个维度之间，全部存在着巨大鸿沟。

自我沟通，就是慢慢找到这些鸿沟中的一致性。

每天抽出一点时间，通过自己喜欢的方式，和自己对话，就像看一场以自己为主角的电影。温柔地，或者尖锐地问自己一些必须坦然回答的问题，不要欺骗自己。然后，努力地去碰撞，在碰撞中反思，不断地接近最真实的自我。

只有当我们从自我开始沟通，沟通才真正拥有意义。

02
我想要成功的人生，还是开心的人生？

有一次，我以导师的身份去参加一个女团选秀节目的录制，一个女孩讲述了自己的困境。她说自己常常会面临一种两难的选择，一边是不想做而又不得不去做的事，一边是想做却没有时间、没有精力做的事。她问我该怎么办，我反问了她一个问题：

"你想选择的是开心的人生，还是成功的人生？"

自我沟通是与自我对话的过程中一个非常重要的课题，因为这个课题会把我们逼向极致，我不止一次说过，只有通过极端的选项，我们才会意识到什么对自己最重要。从字面上看，成功和开心二选一，如果选成功，那你就应该把那些可以通向成功的事情做好，即使不情愿，也要不断自我说服、自我激励地去完成。因为在成功面前，情绪有时候会拖你的后腿。如果你要的是开心，你就应该努力地任性，不做那些不想做的事情，不去交往那些不想交往的人，让自己的心情成为判断所有决定的唯一标准。

但，事实真的是这样吗？

当然不是。如果我们陷入了字面的二元对立当中，认为开心和成功就是鱼和熊掌，不可兼得，或者我们以为成功和开心之间泾渭分明，那就是没有弄懂这个问题真正的意义。你想要成功的人生还是开心的人生，这不是选择题，而是综合判断题，是可以好好写一篇分析文章的。在我的成长经历中，我不断地被别人问及这个问题，同时也不停地问自己：要开心，还是要成功？我现在的答案是：

"我想要开心的人生，但是成功使我开心。"

先别急着翻白眼，觉得我狡猾。让我好好拆解一下这个题目，你会发现这其中有三件非常重要的事：

第一，这个问题要求我们必须认真思考开心和成功到底是什么。开心没有什么好说的，成功好像更没有什么好说的了。这是一个用拼命奔跑定义成功的时代，却有那么多人捧着别人给出的标准答案，喝着鸡汤，打着鸡血过自己的人生。

每个人的成功都是靠自己去定义的，财富的积累一定是一个方面，但也一定不是全部。于我而言，如果不能创造价值，就不是成功，因为属于我开心的人生的前提是成功，成功才会让我开心，失败一定不会。那么问题来了，一个人要创造价值，就一定得去做一些不想做的事情，因为我创造价值是为了拥有开心的人生，而为了这个目标我不得不做那些为了成功才会做的事。听起来会有一些矛盾，却是个很有趣的逻辑。因为这个题目的命门是：**没有逻辑是绝对的，绝对没有绝对。**

第二，我们需要理清自己的人生燃点。你可以靠做什么而成功？你可以因为做什么而开心？开心和成功一定是方向不同的两个终点，永远无法同时到达吗？不得不说，我比较幸运，因为我的人生燃点就是我的工作。换个思路，如果我的人生燃点是谈恋爱，我就去勇敢地恋爱；如果赚钱是让我开心的方式，我就去努力赚钱。这一切都只是手段，它都是为了满足我想要一份开心人生的初心。我肯定也想过一个开心的人生，这点毋庸置疑。只不过让我开心的方式是比较受虐的，在别人看来是痛苦的。**而你要去找到的，也不是那些令别人开心或成功的理由，一定是属于你自己的人生燃点。**

第三，我始终觉得开心这种情绪是一个相对的概念，是你克服了不开心才会获得的一种状态。如果每件事情都随心所欲、肆意妄为，那么开心就会变成空虚。这是一个精神层面的对立，你的自律和你的自由，永远是一体两面的，只有通过自律和节制得到的自由，在拥有的那一刻才是真正的享受。

我想问大家一个简单的问题：如果现在给你一年的假期和数不清的钱，条件是你只能玩，你会开心吗？我不知道你的答案，我的答案一定是不会。我真的见过太多所谓财富自由的人，每天在找事情做，因为他们已经经历了第一阶段的满足和幸福，就会觉得我还能干吗呢？我必须找到下一个真正要做的事情，否则很难真正地开心。

我的三段论到这里就告一段落了，最后再重复一下这个问题的要点：第一，成功需要被你自己重新定义。第二，你的人生燃点能否和你的人生快感结合起来？第三，开心真的是肆意妄为、无所顾忌吗？

最后，再问一问自己："我想要开心的人生，还是成功的人生？"

03
我和自己的优点，熟吗？

没有人可以做到完全认识自己，优点、缺点都潜藏在我们的躯体和意识之下，只有不断地进行自我挖掘，才能在内心深处抵达更加真实的自己。

找到自己的优点，是挖掘过程中非常重要的部分。我一直相信短板理论是被过分强调了的，因为在今天这个世界，找到自己的长板，并把它应用到最合适的位置显然更为重要。**任何一份工作需要的都是你的独特性，不可取代性才是真正的竞争力，什么都会却什么都一般，是最容易被淘汰的。**

我们应该如何认识、展现和运用自己的优点呢？换言之，你和自己的优点，熟吗？

一、给自己的优点做个定位

有一次,一个男孩来公司面试。他一进门,还没说话,我就已经锁定了他一个非常明显的优势:帅。皮肤白皙,双目有神,鼻子高挺,五官俊朗,外加1.85米的身高。面试十五分钟后,我问出了那个我几乎每次都会在这个时间点上问出的问题:"你觉得自己最大的优点是什么?"

之所以会在面试开始后十五分钟左右问出这个问题,是因为我自己也需要这样一段时间来做预判,通过之前的沟通,我通常会对面试者有一个大体的认知,并对他擅长的事物有初步的了解。当对方做出回答之后,我会将他的答案与我自己的预判做一个比较。很遗憾,这个男生没有在面试的前十五分钟里向我展示出其他任何方面的优点,交流能力、抗压能力、协调能力、危机处理的能力等,各方面都表现平平。

针对我的提问,男孩丢出了两个字:"勤奋。"最终,我没有录用他。

不要误会,我并不是轻视勤奋的价值,相反,我认为勤奋可以说是任何一份工作都必须具备的一项基本特质。但这不是一个在面试过程中通过语言表达能够展现的优势,也就是说,这个优点无法论证,且这个男孩最大的问题是缺乏明确认识自身优势的能力,或者说知道了但不敢承认,而这折射出的恰恰是他对自身的不了解以及自我沟通的缺乏。在自我成长的过程中，外貌在不同的工作维度和分类领域中同样是一项非常核心的竞争力，知道自己具备这个天赋并给予重视很重要。所有的特质都没有对错之分，关键在如何运用，所以这场面试的结果，以及这个男孩给我的印象就是不清醒，或者说不真诚。

二、给自己的优点讲个故事

有一个女孩用讲故事的方式呈现出自己的优点，让我印象很深。当时我们想招一个统筹，女孩在回答自己优点的时候，讲了这样一个故事：

当时她所在的团队在国外拍摄一档纪录片，她是国际制片，负责统筹协调。整个拍摄行程非常紧，需要大家在 A 地完成之后立刻赶往 B 地，为了节省时间，拍摄对象所在的公司特意安排了小型直升机作为交通工具。不料，在去往 A 地的路上遇到了强气流，直升机一直无法降落。而且，团队里只有她可以熟练地用英文进行沟通。面对当时的飞行状况和接下来的日程安排，她做出了如下操作。第一，向飞行员询问当时的情况及接下来有可能会采取的方案，是必须原路返回还是可以改路去往别处。第二，和 A 地负责人联系，告知对方当时遇到的情况，并重新预定拍摄时间。第三，联系 B 地告知拍摄计划有可能会提前，并请对方保持信息通畅，随时做好接应的准备。

最后经过飞行员的尝试和确认，一行人改变行动路线赶往 B 地，而等他们安全降落的时候，两地的拍摄时间已经妥善对调，不会对整个拍摄行程造成任何耽搁和影响。同时她也在解决方案确定的第一时间和国内的总制片人同步了信息，并请对方放心。

我们录用了这个女孩，因为她的故事打动了我。如果这个女孩只是表达自己的"有预见性"和"协调能力"，那么这些词和上面说的"勤奋"一样，是没有温度的。而她通过一个故事及其中的种种细节，让我对她的优点有了非常明确的感知和了解。

如果说优点的定位需要一种内在的自我沟通，那么优点的表达则需要不断外化的人际交流。与自己对话，只要够深，自己就能懂。如果想让别人明白你的优点，就需要在表达方式上下一些功夫。讲故事不失为明智的选择。

三、让优点变成优势

如何帮优点找到最匹配的位置，这个问题关乎自我价值和自我实现。要知道，我们的优点是不会自动转化成优势的，它往往需要一个强链接。

比如我要面试一个时尚部的同事，我第一时间就会看对方的穿搭，因为要承担造型类的工作，穿搭就是他的专业技能，而展现他专业技能最好的方式就是他自己本身的穿搭。同时我会让他评价我的穿着搭配，看他是否会准确地表达自己的专业见解。或者我会直接问他是否认识我的衣服品牌。再或者，我会询问他当季的流行。这些相应的方法，都是在帮助我考查对方是否会把自己的优势运用到工作当中。

另一个需要注意的是认知和操作失调的问题。比如我经常遇到有些人说自己审美好，必须承认这是一个非常强的能力，有着非常大的价值，但优秀的审美能力该如何运用到自己的工作中呢？因为审美这枚硬币的另一面代表着高标准和严要求，以及不轻易妥协。如果这其中没有强大的执行力相随，很有可能就会什么都看不上，项目推进艰难。当有人跟我说他审美好的时候，我一定会追问："你的执行能力怎么样？当你的审美跟一个很具体的结果发生冲突时，你会如何处理？"

要知道，沟通能力的提升能帮我们找到更深的优点，更生动地表达优点，最后的结果一定是为了让优点转化，发挥它的价值。

最后再说一个小细节，每当我问出"你有什么优点？"这个问题的时候，我都会留意对方做出回答的快慢。我发现，能够很快说出自己优点，或者一下子就能说出好几个优点的人，通常都具备更强的感染力。因为自我认同是一种良好的自我沟通的必然结果，这会给人带来自信，也会给周围的人带来能量。

没有人会拒绝生命中热乎乎的生机勃勃。

04
不要妄图去改变所有人的刻板印象

很长一段时间里,我经常被人认为是一个心机很重、手段很多的人。我也曾因此而感到苦恼,自认为这么多年与人沟通交流始终秉承着真诚的重要原则,思考许久后,才渐渐明白,心机重、手段多其实更多源自大家对我所从事工作的刻板印象,这其实是属于关键信息的抓取问题。我不可能做到和每一个对我有意见的人朝夕相处,当然也没有这样的意愿。众所周知,有时候议论和诋毁源自一种无差别的恶意,但这样的出发点不是这里要讨论的范畴,我想讨论的是那些并没有恶意但依旧人云亦云的人。他们为什么在不了解我们的情况下也会有如此判断？这是我关心的沟通问题。

　　有一个逻辑是成立的，通常意义上，如果大家听说了关于一个人的一些评论，然后又知道这个人完成了很多人都完不成的事，就会有一个刻板印象冒出来：有这样的成果，必然就会有这样的手段，也就一定会有这样的心机。这个逻辑看起来天衣无缝、畅通无阻，同时也说明了刻板印象的形成缘由：我们一方面喜欢给人贴标签，喜欢看标签；另一方面又没有机会去提取关键信息，何况还有趋同的压力。于是，刻板印象就产生了。我也就在不少人眼中变成了那个连我自己都不认识的人，而像这样被"重新定义"的人，从来都不止我一个。

　　刻板印象是在沟通中会遇到的常见问题，我们几乎每天都要和它打交道。小到出门买份早点，大到谈成一笔大额的生意。面对刻板印象，我自己总结了两点心得：

　　第一，被误会，是一种常态。

　　第二，不要妄图去改变大家的刻板印象，这不太可能。

　　谁都有年轻气盛、血气方刚的时候，以为凭自己一己之力，就可以对抗全世界。我也一样。我曾经也因为刻板印象的不公到处解释，大声发声，最终往往都只是起到了反向的效果。原因很简单，别人只会越发觉得你不够坦然，一旦有了这个先入为主的印象，所有的误解就都变成了你想要去隐藏的东西。欲

盖弥彰，永远是好奇心和猎奇心的马达。

如果你仔细地去研究一个艺人或者他的公司是如何被骂的，就会发现一个很神奇的现象：不是真的有人想骂你，而是总有人想骂人。被骂的词几乎一模一样，只是具体的被骂对象发生了改变。所有的表达方式、语言逻辑和思考逻辑都是一样的，一旦你把这种刻板印象想象成只是自己的遭遇，把这里面的"自己"无限放大，必然就会格外难过和伤心。

坦然地去接受这些刻板印象，是让你明白，不是这个世界在针对你，而是每个人在沟通当中都会遇到这种困境，你自己又何尝不会以刻板印象来看待他人呢？**刻板印象不是哪一个人的狭窄，而是人类语言系统里的必然。**

我说过，只有感受，不叫成长。放在这里是，只有面对，不叫回应。上面说到的两条能让我们有一个更好的心态，接下来的这两步则是让我们行动起来。不就是刻板印象嘛，怕它？！

解决方式：态度上不在乎，行动上用事实碾轧。

总会有人告诉我们，要想不被误会，就应该将关键信息做最准确的表达。也会有人告诉我们，要去做动态的管理，人都是会变化的，人永远是处在流动中的，只要及时更换自己的关键信息，就能减少单方面的印象。原则上这两个办法都是有效的，但你需要判断自己是否真的愿意也能花足够的时间和精力去实践。道阻且长，更何况这是否真的是你想走的道？

面对刻板印象，我的建议是：首先要不在意，然后用结果去超越这种不在意。

我不在意别人怎么看，但不是把头一转，把耳朵一捂，而是要去具体分析。我重视有用的意见和真诚的建议，但刻板印象就是刻板的，它并不是对你的印象，而是把一种印象强行加在你身上。在我理解了所有信息之后，我发现自己不能消耗情绪去抵抗这些刻板印象，而是应该把时间和精力花在真正做事情上。于我而言，我不会让这件事情的议论影响到我的工作。如果对有些人来说，这样的议论会影响到他的生活质量或工作结果，那就需要很小心了。

沟通中有两个认知的方向，一个方向是把自己放进去，不管是人群还是观点；而另一个方向是把自己抽出来。 在刻板印象这件事情上，我主张先把自己抽出来，因为大众心理是永远不会被调和的，它不可能被认知统一，如果我们要把自己的情绪点或者价值期待放在一个大众观点上面，我们都会被累死。

当然仅仅告诉人别在意，是没有意义的。因为很多人就是会忍不住，这是由性格决定的。而我这里所强调的"不在意"是一个结构问题，如果心态上做不到不在意，就需要把注意力转移到事情上,毕竟在意结果比在意人言更重要。

回到开头对我的刻板印象上,如果我和对方能有足够的接触和沟通,那么,心机重的刻板印象常常会不攻自破。如果我没有和对方接触的机会,他依旧可以保留这样的想法,我不介意。最终,在对方的认知中同样也会有我做出的成绩,这一点虽然我也并不在意,但起码事实会让对方知道,通过主观努力而造就的客观成就是不会骗人的。

不在意不重要,但是用结果超越了不在意,这很重要。

05
放弃型人格：不是100%，就是0

我曾经在很多场合说过自己是放弃型人格。所谓放弃型人格，就是我会在人生的每个阶段确定一个清晰的价值排序，并且按照最核心的目标严格地界定所有的事物，一旦发现这件事情并不能促成目标的最终达成，我就会果断放弃。

我们往往会在自我沟通中形成很多矛盾，这导致经常有年轻人问我："天真姐，我现在应该怎么选？""天真姐，我应该放弃吗？""天真姐，这两个东西我都想要，真的不可以同时选择吗？"……

我们不得不承认，现实不是完美的模拟环境，在工作和生活中，有的事我喜欢但我不适合，有的事很好玩却没什么实用性，有的事我很想抵抗却又受不住诱惑，有很多伴随时效性的选择逼迫你尽快做出判断。你选这个，就选不上那个；你现在选了，以后就没法更换；你逃避不做选择，最后可能什么都没有。

如果目标足够清晰，我们就知道那些欲望和喜乐，那些不舍和纠结，都是目标达成的干扰项，坚定地在人生里只为自己的最大目标服务，这些困惑和矛盾都将简单起来。其实放弃是很多人最终的选择，人终究不会选择伤害自己的事情，但是每个人认清真相的过程需要花的时间不同，放弃型人格就比较容易做出判断。

这是我的基本世界观和行为方法论，说起来简单，做起来却并不容易。

一年前，我决定离开经纪人的岗位。在做出这个决定之后，我在很短时间内就和所有原本由我负责的艺人完成了解约，这里面有我主动解约的，也有艺人主动解约的。当时的"解约风波"还引起了不小的轰动。关心我的朋友会担心我的状态，看热闹的路人会好奇其中的八卦，不怀好意的人甚至会幸灾乐祸："杨天真出事了吧。"更有"我被踢出了公司"等传言，甚嚣尘上。

因为我不做经纪人了，那一刻，作为放弃型人格的我已经改变了人生目标。而当我的人生目标不再是做一个经纪人的时候，我就不能做到全力以赴和全情投入地为艺人付出了。经纪人跟艺人合作的关系，本质上就是共创一个对艺人更好的结果，当我发觉自己不再能够投入全部时间和精力的时候，我就不应该把别人再留下来，这是我比较清晰的价值判断。

对于这个决定，大多数人理解不了。他们不明白为什么我要如此决绝地放弃手上那么好的牌。慢慢地退出，这些资源还可以不断为我带来各种各样的利处。但我甘心承担这些有形和无形的损失：实际的经济利益上的损失，社会评价的损失，一些解约艺人对我的看法……没关系，既然选择了放弃型人格，既然决定了只能向着确定目标全力以赴，所有后果我都可以承受。

不是 100%，就是 0。我们最应该做的就是在应该付出的时候 100% 投入，这样我们才能拥有极致的 100% 的收获。

在自我沟通的过程中，我们要努力学会在恰当的时机清空自己。王尔德说：很多东西，若不是我们怕别人捡去，我们一定会丢掉。而我们需要面对的就是清空那些不再符合我们新目标设定的东西，把自己的头脑、时间、精力都腾出位置，为迎接新的人生目标做准备。因为我们在做一件新事情的时候，需要投入，完全的投入。

从 22 岁开始，我花了十几年的时间让自己在经纪人的道路上成为梦想中的自己。能到达这里，靠的就是 100% 的投入和努力。当我确定自己的目标发生转移，成为最好的经纪人已经不再是我的诉求的时候，我就应该立刻按下暂停键。我们都曾经在自我还不够强大、不够完整的时候去妥协和迁就，随着自我逐渐完整，我们就能意识到身心合一、知行合一是多么重要。

放弃型人格并不温和，它是一种棱角分明的世界观和方法论，自然需要每个人根据自己的具体情况进行甄别。这里没有绝对的对错，而是在自我形成的过程中意识到，自己已经在不断地超越曾经的那个岗位、那个工作、那个目标。在不断重新适配的过程中，很多人会流连于从前，然而这样势必会放慢追求全新自我的脚步。

自我沟通是一个自带柔性和温度的概念，我们渴望善待自己、了解自己、宽慰自己。有时候，我们需要狠一些、坚决一些、强硬一些。这不是对自己的苛刻，而是因为如果我们想要成为一个最好的自己，就不能一直留恋过去的风景。

向前，才是我唯一的答案。

06
不知道要什么，先从不要什么开始

自我沟通中，迷茫之所以能够困扰我们，是因为我们通常不知道自己想要什么。奇怪的是，无论再怎么迷茫，我们也会坚定地知道自己不要什么。

我不知道自己最喜欢吃什么，但是我知道自己不吃茄子；我不知道自己穿什么最好看，但是我知道自己穿短裙不好看；我不知道自己最想成为哪个行业的佼佼者，但我知道我不想当公务员……

经常有刚毕业的大学生问我："我不知道自己想要什么，怎么办？""我不知道自己现在应该做什么，怎么办？"我的第一个回应就是问对方："你不喜欢什么？你不想拥有什么样的人生？"

当初，和很多迷茫的大学毕业生一样，我也不知道自己到底想做什么，我没有特别清晰的人生目标，甚至连短期的职业目标都没有。但是我并不迷茫，因为我非常清楚自己不想要什么。我读大学期间就一直在兼职，做了七八份完全不同的工作。机缘巧合下，我大四时已经做到了卫视节目的总导演，但是我在工作中发现自己不适合做电视工作，也没有意愿做。不得不承认，喜欢和不喜欢是很个人的事，于我而言，我觉得电视工作太耗人了，想起当初的日日夜夜都会觉得可怕。

我不要做电视工作，我也不想做导演，对于导演系毕业的我来说，这个"不要"非常异类。我清楚地知道自己在艺术创作方面造诣有限，即便竭尽全力也注定了才华平平，但这一点也非常明确地把我指引上了经纪人的道路。

十多年以后，在我做经纪人也有了一些成绩的时候，有人问我当初是如何坚定地踏上这条道路的，我的回答是：我当时并不坚定。我只是明确了自己不想做的事，所以在那个节点上排除了不相干的事，也排除了不愿耗费精力的选项。

在自我沟通和自我定位当中，不是每个人都能一开始就找到自己的燃点的。我的建议是：不知道自己要什么的时候，就

先从自己不要什么开始。

2020年,我决定离开已经深耕了十多年的经纪人行业,也是这个道理。因为我已经形成了过于完整的自己,而这个工作标准里需要的妥协和隐忍我都做不到了。本质上,我认识到了自己"不配"再做经纪人这个工作,而别人怎么看待我的成功与失败,我也没那么在意。关键是,作为公司的CEO,我还肩负着整个公司创新的使命。"坦然于未完成",是我最真实的感受。这世界上有些事情即便你热爱,也不用一辈子都只做它,也不用非要做到最好,我可以把生命投注在更新的可能性里。其实结束经纪人工作的时候,我并不知道自己要做什么,但心态很放松,想先做一个过渡。我申请了一些国外的学校,想着万一申请上了,就先出国充充电。但疫情的暴发阻断了这个计划,也让我和这个时代一起见证了直播行业的崛起。我开始着手建立自己的大码女装品牌,才发现原来这个梦想早已经深深地种在了心里。很多人会觉得是我看准直播行业在先,放弃经纪人工作在后。事实恰恰相反,我只是隔空遇见了那个十几年前年轻的自己,并再一次在做抉择的时候和她击了个掌。

"不要"不是简单的放弃,不是冲动的停摆,不是鲁莽的抽身。**"不要"意味着感知。**会自我沟通的人对自己的内心一定有足够的敏感度。毕竟我们不能欺骗自己的感受,违反内心的渴求去委曲求全。

没有人能够轻易地成全自己的"不要",然后转身离开。现实的种种总是将我们那个绝对的自我不断拉向地面,而我们要尊重自己的不要,也要真切地为自己争取资格。无论你当初是因为什么选择了一个行业,都应该尽力做到最好,适应这个行业的变化,掌控这个行业的节奏,最后,是你选择离开这个行业,而不是这个行业选择了你的离开。

"不要"需要勇气。我们的生活和工作都要面对惯性,在一个地方待久了,自然会更得心应手,自己之前累积的资源和人脉都能让工作事半功倍。但是,如果我们的内心已经因倦怠而生了出走之意,就需要听从自己的内心。这也是为什么有那么多人拿着越来越高的薪水,嘴上却一直说着自己变成了当初最讨厌的人的样子。我理解这种低头,却不赞同这样的选择。一个人要多不喜欢自己,才能向自己厌恶的方向狂奔而去?

回想自己所经历的人生,无论是大学毕业,还是从奋斗十几年的行业离开,我从来都没有因为下一步的未知而害怕或迷茫。不知为何,我们好像习惯了要确定"要"和"想",才敢做出改变。"不要"和"不想",早已经给了我们足够迈出下一步的理由和底气。

07
适合自己的，才是对的

在讨论方法论的时候，大家会很容易陷入一个怪圈。我们总是执着于寻找那些金光闪闪的秘籍，强调有效，强调有用，强调有料，仿佛只要别人都说好，自己就一定也能用好。在我看来，在寻找方法论的过程中，我们最应该问自己的一个问题是：这个方法适合我吗？

良好的自我沟通，是找到好方法的前提。就算方法再好，一旦不适合自己，也不可能奏效。从方法本身的角度定义，良好的自我沟通和自我定位能帮助我们理清思路，从而准确地锁定方法论。我们需要清晰地明白自己的性格，并勇敢地对公认有效却不符合自己的方法说"不"。

就拿英语学习举例，我一直希望能够学好英语，但一直没有足够的时间。刚开始我非常认真地尝试了公认的"细水长流"型学习方法，希望靠持续的累积进步，但很快我就意识到，这不是属于我的方法论。我不是一个长线选手，但我是一个考试型人才。每次考试前，我都可以停掉手边的所有事情，全情投入、全力准备并得到一个不错的结果，这样的时间周期基本稳定在十至十五天。

很显然，任务感更强的短时间语言学习更适合我，当认识到这一点后，我也就和长线的英语学习果断告别了。但很有可能这种方法对别人来说恰恰是最好的，所以本质上我要放弃的不是对英语的学习，而是不适合自己的方法。

要放弃那些别人口中的好方法不仅需要勇气，更需要我们不断地向内探索自己。 我们总是被各种各样的"别人的样子""别人的目标""别人的生活"包围，以至于常常忘了自己到底在哪里。**自我定位，不仅停留在方法论的层面，更重要的是，它在引导着我们关照那个容易被忽略的自我。**

关于这个说法，我想举一个大家都爱看的例子：美好的肉体。我们经常在社交媒体上看到小哥哥和小姐姐晒出自己的完美身材：马甲线、人鱼线、六块腹肌、完美倒三角……然后，大量立等可取的方法飘入眼帘："坚持做这三个动作，三个月练就反手摸肚脐。""这样吃东西，不用跑步也能拥有小蛮腰。""这份清单上的动作能叫醒你的六块腹肌。"标题党就是标题党，这样的表达可以说是说服沟通中的典范。于是，在手机这边的我们总是无法抑制自己的渴望，恨不得他们说什么我们就做什么，期待明天就能拥有同样的身材。最后，总是在一次又一次做不到之后，陷入苦苦挣扎中。为什么我掌握不了他们的方法？为什么我的肚子上还是完整的一坨肉？

这个时候，我建议把目光聚焦在一件事情上，"我"！清晰的自我定位意味着明白自己所处的位置：我和他们有什么不同？我是否属于以下这两种情况？一种是他们的职业需要，他们要么就是健身教练、体育运动员、演员或者网红，他们有足够的时间去完成练就身材的目标，获取注意力是他们的生活方式、经营方式，甚至生存方式。另一种情况就是把健身当作一种热爱，这类人能够从健身中获得快感，获得享受。注意，不仅仅是健身的结果让这类人满意，而是健身的整个过程就已经能够让他们舒缓压力，获得快乐。但是对于绝大部分人来说，健身都是很辛苦、很费力的，是为了健康或者减重不得不去做的事情。诉求如果不同，那么对应的运动时间、运动强度和运动方式就会不同。总而言之，结果就一定不同。

从动力的角度出发，对于自驱力主导的事情，每个人都会拥有极强的动力感，但是对于不得不做的事情，就会很痛苦。有很多人愿意为了自己的人生目标去做大量不得不做的事情，但是我不行。因为这种选择是痛苦的。我们的人生已经要被动地迎接很多痛苦了，这其中更有太多的未知跟挑战。在我可以主动选择的选项里，我选择放弃那些会给我带来痛苦的选项，这是我自己的一个公式。

在自我沟通的过程中，我已经和自己达成了这样的共识：我没办法让自己的人生处于"不得不"的状态，因为这对我的精力耗损会非常大。我要用积极的正能量驱动自己，把真正喜欢的事情做到非常好，超越一般人的好。相信我，这样的人生即使不能百分之百成功，也一定有百分之百的幸福。

08
我在哪个象限？

时尚大师山本耀司有一句话很打动我,他说:"自己"这个东西是看不见的,撞上一些别的什么,反弹回来,才会了解"自己"。

在自我沟通的过程中,我们需要这样的对撞,因为没有对撞,我们就找不到对照的坐标,而没有坐标的自我,是没有根的。如何在自我沟通的过程中完成这种对撞式的自我寻找和自我定位?在这里,我想介绍一个不错的方法:四象限法。

四象限法是一个非常奇妙的方法,它的魅力在于能够为我们提供一个四分的视角,从而将世间万物按照一定的逻辑包罗其中。横、竖两条轴一确定，四个象限就分了出来。要在一个抽象的环境中定位自己是很难的，但是有了这个坐标系，我们就能清晰地明确自己所在的位置。

举个简单的例子：我们以聪明为竖轴，以努力为横轴，由此得到了四个象限。第一象限：既聪明又努力的人；第二象限：很聪明但是不努力的人；第三象限：既不聪明也不努力的人；第四象限：努力但是不聪明的人。

你属于哪个象限呢？

一个有趣的问题是，自己落在这四个象限中的哪一个位置是最糟糕的？很多人的第一反应是第三象限，毕竟谁也不想成为既不聪明又不努力的底层。但是仔细想一想，如果这个人不聪明，那说明方向或者方法就是错的，如果他还努力，岂不是做得越多，错得越多，给这个社会的麻烦也就越多。所以在我看来，第四象限应该是最糟糕的结果了。

我在北大读书的时候，听陈春花教授说起过这个模型。当时是按照能力和态度来构建这个坐标系的，竖轴是一个人的能力，横轴是一个人的态度。这样一来，我们就得到了四个象限。第一象限：既有能力态度又好的人；第二象限：能力很好但是态度很差的人；第三象限：态度和能力都差的人；第四象限：态度很好但是能力很差的人。

你属于哪个象限呢？

这个坐标系里有一个有趣的点，一般真正态度差的人不会觉得自己态度差，所以在自我定位的时候，态度这个主观因素很难打分。你可能也已经注意到了，这个方法非常明晰，但是如果想认真地做自我剖析，还需要进一步的理解。说到四象限法，我的收获主要可以分为以下三个方面。

首先，四个象限的存在让我们知道对比的力量。**没有对比，就没有伤害。没有对比，也就没有自我定位。我们要从社会现实的基础出发去理解自己所在的位置，而不是按照自己的主观意愿去理解自己的所在。**

任何一个集体里，人都会被分门别类，放入这几个象限。我们要理解的是人的共性和某个人的个性。有了这种心态，我们就会在对比中不断确认自己的进步速度或退步速度，才知道自己的目标在哪里。

更重要的是，有了这个思路，我们才不会被现实存在却暂时无法改变的状况扰乱心智。任何一个社会环境，都有头部，都有可以拍桌子、拿主意的人。你的风光，一路上都在被别人决定，可能你已经尽力了，态度够好了，但有时候你还是会被排到最后面，因为总会有人比你更努力，比你更优秀，这就是社会现实。

四个象限会让你懂进退，不灰心。

其次，这个坐标系解释了一个我们很容易忽略的事实：环境中的每个人都是动态的，一个人可能在这里是第一象限，但有可能到了更高的平台，就会立马掉到第三象限中去。也可能此时处于第三象限，经过努力和时间的加持，未来大跨步进入第一象限。同样，自己如果现在在第三象限，也会更清楚方向在哪儿。

在服从正态分布的条件下，这四个象限中不会有某一象限为空的情况。我们幻想着如果把原来第三象限的那个人开掉了，大家是不是最起码可以保留在第二象限或第四象限，结果是：永远会有人掉到第三个象限中。真正厉害的公司，不是没有第三象限的人，而是他们当中在第三象限的人去到任何一个别的系统，都能处于第一象限。

这会让我们在自我定位的时候懂得人群中的必然，从而时刻谨记自己的位置随时会被人取代。象限的坐标是随时在移动的，我们不能讲自己会固定在某个地方，因为这个地方并不安全。

最后，四象限法是一种方法，我们可以用这种方法画出很多种多元的坐标系，它可以提供多维度的视角让我们进行有效的自我评估。在一次次对比和自我定位当中，我们能懂得很多原来觉得是一团乱麻的东西。能力和态度、重要和紧急、快慢和好坏、及时和长远，不同的横轴和竖轴将带来不同的思考维度和方式。

说到这里，通过一系列对比和分析，除了让自己有更明确的目标和更正确的方法之外，我们还会学到一件最重要的事，那就是接受自己。四象限让我们看到尽头，看到极限，看到分类，看到形形色色的跃迁和下沉。只要我们不是在为自己的懈怠找理由，在真的尽力之后，或者在尽力的路途中，我们就会接受自己。

四个象限是我们和这个世界的对撞，对撞是为了让我们意识到也定位到自己。但这不是最终的目的，最终的目的是：经过对撞，我们可以坦然地拥抱自己，在我们找到自己之后。

小作业：

普鲁斯特问卷的名称来自《追忆逝水年华》的作者马塞尔·普鲁斯特（Marcel Proust）。他并不是这份问卷的发明者，但这份问卷因为他特别的答案而出名，并在当年时髦的巴黎人沙龙中颇为流行。因此，后人将这份问卷命名为 Proust Questionnaire。

在本书的结尾，希望能通过完成这份问卷，帮助你深度了解自己的价值观、兴趣爱好及特质。

很多事情我们很难确定自己的唯一答案，当然，答案也没有对错是非，也许还会随着年龄的增长、阅历的丰富、心态的进阶而改变。你可以每五年做一次问卷，看看自己的心境有哪些变化。

可以扫本书封底二维码关注"壹起天真"公众号，在消息栏发送"普鲁斯特问卷"，我会把我当下的答案分享出来，也希望你能加入读书群分享你的答案。

普鲁斯特问卷

PROUST QUESTIONNAIRE

姓名：

年龄：

1. 你认为什么是最完美的快乐？

2. 你最希望拥有哪种才华？

3. 你最恐惧的是什么？

4. 你目前的心境怎样？

5. 还在世的人中你最钦佩谁？

6. 你认为自己最伟大的成就是什么？

7. 你最痛恨自己的哪个特点？

8. 你最喜欢的旅行是哪一次？

9. 你最痛恨别人的什么特点？

10. 你最珍惜的财产是什么？

11. 你认为最奢侈的是什么？

12. 你认为程度最浅的痛苦是什么？

13. 你认为哪种美德被过高地评价？

14. 你最喜欢的职业是什么？

15. 你不满意自己外表的哪一点？

16. 你最后悔的事情是什么？

17. 还在世的人中你最鄙视的是谁？

18. 你最喜欢男性身上的什么特质？

19. 你最常使用的一句话是什么?

20. 你最喜欢女性身上的什么特质?

21. 你最伤痛的事是什么?

22. 你最看重朋友的什么特点?

23. 你这一生中最爱的人或东西是什么?

24. 你希望以什么样的方式死去?

25. 何时何地让你感觉到最快乐?

26. 如果你可以改变你家庭中的一件事,会是什么?

27. 如果你能选择的话,你希望让什么重现?

28. 你的座右铭是什么?

图书在版编目（CIP）数据

把自己当回事儿 / 杨天真著. — 北京：北京联合出版公司，2021.4（2024.11重印）
 ISBN 978-7-5596-5121-1

Ⅰ.①把… Ⅱ.①杨… Ⅲ.①心理交往—通俗读物 Ⅳ.①C912.11-49

中国版本图书馆CIP数据核字（2021）第034677号

把自己当回事儿
作　　者：杨天真
出 品 人：赵红仕
责任编辑：夏应鹏

北京联合出版公司出版
（北京市西城区德外大街83号楼9层　100088）
嘉业印刷（天津）有限公司印刷　新华书店经销
字数120千字　　880毫米×1230毫米　1/32　7.25印张
2021年4月第1版　　2024年11月第18次印刷
ISBN 978-7-5596-5121-1
定价：56.00元

版权所有，侵权必究
未经许可，不得以任何方式复制或抄袭本书部分或全部内容
本书若有质量问题，请与本公司图书销售中心联系调换。电话：010-82069336